作者的父亲骆朱瑞先生

骆朱瑞,1926 年 8 月 27 日出生于浙江义乌的一个武术世家,自幼习武,身怀绝技,擅长硬功,多次参加全国及地方武术比赛并屡获金牌。骆朱瑞的太公骆祖流为"国学生"(《梅林骆氏宗谱》卷之二),是清朝的武举人。

骆朱瑞先生在武林大会现场"耍大刀"

2013年12月7日义乌市第三届武林大会开幕式展演,义乌武术前辈、88岁高龄的骆朱瑞在现场舞起春秋大刀,依旧虎虎生威。

首席记者 林晓燕 文/图 (2013年12月8日《义乌商报》)

骆朱瑞先生在全国武术比赛赛场上的风采

2014年5月18日,骆朱瑞参加在江苏徐州举行的2014年全国传统武术比赛取得了春秋大刀金牌和南拳银牌,并获"武德风尚奖"。值得一提的是,89岁的他创下了参赛选手年纪最大的纪录。

记者 王志坚 文/图 (2014年5月21日《浙中新报》)

本书作者骆广才近照

骆朱瑞先生和夫人与六个子女合影留念，后排左起第一人为本书作者

1996 年，作者与爱人、女儿在北京合影留念

　　2010年6月21日，全国农民武术比赛暨武术之乡传统拳种传承人演武大赛闭幕式在陕西宝鸡体育馆隆重举行，国家体育总局武术运动管理中心副主任、中国武术协会副主席陈国荣先生（左一）给获得对练项目冠军的本书作者骆广才（右二）和张征军（右一）颁发金牌和获奖证书。

　　2014年7月5—7日，作者参加在湖南东安举行的第十一届全国武术之乡武术套路比赛，经过奋力拼搏，最终技压群雄，获得绳镖、对练两项冠军。图为作者在东安一中体育馆留影。

　　2014年5月17—19日,作者与父亲骆朱瑞参加在江苏徐州举行的全国传统武术比赛暨全国农民武术比赛,作者获得4个冠军,骆朱瑞先生获得1金1银。图为作者(右)与父亲在徐州体育馆合影留念。

　　20世纪80年代,作者在义乌市体委分管武术工作时与多次参加省、市武术比赛并屡获冠军的市武术队运动员、胞妹骆金英合影留念

作者（右）在市委部门工作时与单位主要领导卜芝生先生合影留念。长期以来，卜芝生先生热心支持弘扬中华武术，传承中国文化。

作者（右）与一直支持弘扬中华武术、传承中国文化的浙江蓓蕾布艺有限公司董事长骆忠健先生（系作者的侄儿）合影留念。骆忠健先生自幼酷爱习武。

杭州大学体育系1981级（3）班毕业留念，前排左起第一人为作者

新闻媒体对作者的报道

报道之一
《义乌商报》草根文化达人专栏

骆广才：一文一武皆是才

天天晨练，风雪无阻

带着父亲去旅游

看书创作时的骆广才

祖孙三代的武术情,左边为骆广才

●首席记者　林晓燕　文/图

　　他是一位民间"武林高手",这几年光全国冠军的奖牌就拿了 4 块;他是一名业余"创作能手",一本三四十万字的作品即将问世,博客上洋洋洒洒的数百篇有关人生感悟文章,为他赢得了超高人气。可以这样说,在义乌甚至浙江省的武术界,他是颇有"文化"的"武夫"之一;同样,在写书、出书的文学爱好者中,他想必也是拳脚功夫最好的达人了。

　　他就是骆广才,目前在义乌市某机关单位任职,身兼义乌市武术协会名誉主席、教练等职,是国家一级武术散手裁判。不高的身材、洪亮的嗓门、矫健的身手,眼前的骆广才虽年过五旬,但精神气不亚于 20 来岁的毛头小伙,说到兴起时,经常站起身示范个一招半式。

"绳镖王"日跑万米

1973年,11岁的骆广才参加学校的武术队,开始了他的武术生涯。那时,年幼的他便开始接受刻苦的训练。几年后,他在当地崭露头角。后来,他考上杭州大学体育系的武术专业,开始接受系统的科班教育。

在学校里,他不仅认真学好课堂上的动作要领,课外还经常向老师讨教少林拳、形意拳、八卦掌等其他拳术。他的理想也在不断发生着变化,刚上大学时,他希望自己将来能成为一名出色的武术教练,弘扬中华武术;快毕业时他希望能到警校当教官,把自己学到的技艺教给更多的年轻人。最终,他回到了家乡。

骆广才参加过许多武术比赛,屡次获奖,从2010年至今,他参与的煤锹进步枪对练、单刀进枪、绳镖等项目,曾先后在全国武术比赛上拿过4个冠军。因一根绳镖使得出神入化,所以他还赢得了"绳镖王"的美誉。"比赛拿奖不是目的,主要是想借助武术大赛这个平台,让更多的人了解和热爱武术,并使之传承和发扬。"相对于那些奖牌和荣誉,骆广才想得更为深远。

由于工作的关系,骆广才不能把更多的时间和精力放在武术上,但每天晨起两个多小时的"练功五步曲"是风雨无阻的:绕绣湖公园跑13圈;万米跑完后做压腿动作、练基本功;练拳脚套路和绳镖;站桩20分钟后,在双杠上做40个仰卧起坐,在单杠上做40个引体向上;最后还要练被群众称之为"铁头功"的头倒立姿势5～10分钟。据说,即使出差,他也要带上运动鞋和运动服找地方操练。

"健康是人生最大的财富,体育锻炼不仅可以陶冶情操,更是强身健体的良药。"这是骆广才的心得。

"武夫"要出书

文化是一个大范畴,所谓文体不分家,包含武术在内的体育运动不是简单的跑、跳、投,而是在运动中感受文化的魅力。无论是竞技体育,还是健身体育,都有其独特的文化特色和氛围。

"我从小到大都对从事文字工作的'文化人'特别尊重,觉得他们很了不起,也喜欢和他们交朋友。"骆广才说。其实,他是有点过谦了。据了解,他小时候语文一直学得不错,作文更是拿过98分的高分。大学毕业后,他做过《体坛报》的特约记者,还积极向本地媒体投稿,一篇关于全国农民篮球赛的报道还上了头版头条。

有人曾说过,"武"到最高境界之后就达到了"文",只是比文人多几分坚韧。骆广才不仅喜欢看书,还喜欢买书。几乎每次出差,都要在机场的候机厅或去当地的书店采购几本书回来,当然,所买的大多是涉及武术方面的体育书籍。如果说以前的这些都不算什么的话,那他这次写书、出书的举动着实令人刮目相看。据悉,他这本有关中老年太极拳的书籍总共有46万字左右,图文并茂,目前已交付浙江大学出版社,预计今年12月份或明年1月份问世。其实,这本书只是他著书生涯的起点,他计划在以后的三年内写出三本书,目前第二本已在酝酿筹备中。

　　长相粗犷的骆广才内心情感却非常细腻,写起文学类的文章也毫不逊色。据说,他曾在浙江博客网上开设博客,写了数百篇自己对父母妻女的爱、对生活的感悟,点击率很高。记者有幸拜读了几篇,虽然言语朴实无华,但字里行间流露出的真挚情感让人对这位"武夫"刮目相看。骆广才说,这些文章都是他当时心情的真实写照,回过头看看很有意思,有机会的话以后放到书里去。

铁汉也柔情

　　别看骆广才是个习武之人,可他的心思却非常细腻,尤其是对父母,可谓无微不至。就算工作再忙,每周六他都会拎着水果蔬菜回家看望父母。不仅如此,他几乎每年都会带着父母出去旅行,足迹遍布大江南北。

　　"等他们生老病死走的那天,我会微笑地送别。因为我已把自己可以给他们的爱都给了,对于他们,我已经无憾了。子欲养而亲不待是人生最大的痛苦,我不会有这样的痛苦。"这段发自肺腑的话语,让听者动容。

　　"夫妻之间要有一定的空间和自由,对于彼此的喜好最好不要横加干涉,而要多一些支持和理解",除了讲究"仁孝"外,骆广才处理夫妻关系也很有一套。相对于他对武术的痴迷,他妻子则非常喜爱唱歌,除了平常和朋友们一展歌喉外,还经常到浙江师范大学找声乐老师拜师学艺,也参加过一些唱歌比赛。自始至终,他对妻子的这种爱好都抱着支持的态度:"有爱好是好事,不仅可以愉悦心情,也有助于家庭和谐。"

　　骆广才的女儿名叫骆艺。他希望女儿继承家族的武艺,于是从幼儿园开始就让她学武。在父亲的悉心教导下,骆艺不仅学会了侧空翻,刀棍也耍得有模有样。除了武术,骆艺在学习上也是全面发展,擅长文艺和写作的她曾担任过校文学社的副社长。去年,骆艺凭借优异的成绩去美国读研究生了。

　　一文一武皆是才,祝福骆广才。

(2013年10月27日《义乌商报》)

"绳镖王"骆广才出书,图解太极拳实战用法

习武要知其然　也要知其所以然

记者　王志坚　文/摄

最近,义乌"绳镖王"骆广才出书《太极拳实战用法》一事,在义乌体坛被传得沸沸扬扬,义乌武术界的众多武术爱好者更是把该书视为难得的"武侠秘籍"而争先传阅。

处女作是 40 余年的心得

"前年7月着手编写,去年8月完成初稿,今年1月正式出版,40多年的习武心得全写在里面了。"骆广才说。

"太极拳作为我国武术的重要流派之一,蕴含着深厚的中华传统文化底蕴,具有高深的哲学原理、技击秘诀和健身价值,深受全世界人民青睐。"骆广才说,经过多年发展,太极拳已成为东方文化的一种符号,有不少国际友人也迷恋太极拳。义乌作为全国武术之乡,在浓厚的武术氛围影响下,参与习武的人越来越多。其中,学过太极拳的武术爱好者已达上万人,但知晓太极拳攻防用法者却寥寥无几。骆广才由此萌发了撰写《太极拳实战用法》的冲动。

骆广才认为,习武不仅要知其然,还应知其所以然。太极拳讲究"体用兼修",

练习太极拳既要熟知套路，更要明白太极拳每一个动作的实战用法。只有这样，打拳才能有的放矢、准确到位，才能更好地弘扬太极拳文化和发挥太极拳强身健体的功效。

"太极拳看似柔软却暗藏杀机，'极柔软，然后极坚刚'是太极拳技击的精髓。"在骆广才看来，太极拳的一招一式都具有丰富的技击内涵，技击性是太极拳之魂。《太极拳实战用法》一书详细分析了《二十四式简化太极拳》、《四十二式太极拳竞赛套路》和《八十八式太极拳》三个套路中每一个动作的实战用法，并配以大量的动作图片加以说明。"这三个套路，我练了数十年，是我最拿手的，也是目前最受大众欢迎的三个太极拳套路。"

"绳镖王"科班出身

53岁的骆广才，出生于义乌廿三里街道李塘村的一个武术世家。父亲骆朱瑞是义乌知名老拳师，如今已89岁高龄。在去年5月27日举行的2013年全国传统武术比赛中，骆朱瑞不顾年迈持棍上场，并为义乌武术代表队赢得了一枚棍术铜牌。骆朱瑞的太公骆祖流是清朝的武举人。

骆广才自幼习武，11岁正式参加学校武术队训练，几年后，他在当地崭露头角。后来，骆广才顺利考上杭州大学体育系的武术专业，接受系统的科班教育。在体委工作了20多年，骆广才参加过许多武术比赛并屡屡获奖，他的煤锹进枪、单刀进枪、绳镖等项目，曾先后在全国武术比赛上拿过5个冠军。因一根绳镖使得出神入化，他在武术界还赢得了"绳镖王"的美誉。

2000年，因地方工作需要，骆广才调入义乌市委某部门工作。"由于工作的关系，不能把更多的时间和精力放在武术上，但每天晨起两个多小时的'练功五步曲'还是一直坚持至今。"如今，他每天绕绣湖公园跑13圈。跑完万米后再做压腿动作、练基本功、练拳脚套路和绳镖。"即便出差，我也要带上运动鞋和运动服找地方操练。"

还要出版两册"姐妹篇"

"《太极拳实战用法》针对的适用对象主要是中老年群体，接下来，我还要针对广大年轻人和武术专业运动员各出一部姐妹篇。"骆广才欣喜地告诉记者，他的第二部专著《武术散手技法》目前已完成初稿，共计30多万字，准备在明年1月正式出版。第三部专著取名《传统武术套路》，目前也已在酝酿筹备中，打算后年1月面世。

据介绍，《武术散手技法》自去年9月开写以来，进展顺利，该书将系统介绍中国武术散打运动踢、打、摔、拿等攻防技术，内容包括散手概述、武术道德、基础训练、防守技术、进攻技术、抱摔技术、擒拿技术、肘膝技术八个方面。"武术散手是两人按照规则以踢、打、摔、拿等武术攻防技法进行徒手格斗的对抗运动,是中华民族优秀的传统文化遗产和传统体育项目,具有悠久的历史和广泛的群众基础,是中华儿女用以自卫强身的重要手段之一。"骆广才说,散手运动对提高人体的灵敏度、技巧、力量、耐力等素质,锻炼坚强意志,培养顽强拼搏精神以及提高习武者尊重对方、尊重裁判等良好的品德修养均具有重要意义。

计划在 2015 年底前完成的《传统武术套路》,骆广才将着力介绍自己的三项"绝技"——单刀进枪、绳镖和八卦掌,同时还将介绍义乌的民间南拳套路。

"绳镖是珍贵的武术文化遗产,在近几年的全国传统武术比赛中,会绳镖的人已不多,我得把这项绝技传承下去。"骆广才说,绳镖与流星锤、三节棍、九节鞭同属软器械,它以绳索缠绕着身体各部变化出各种击法和技巧构成套路,是技巧性较强、难度较高的项目,目前在全国练这个的没有几个。

"有人曾说过,'武'到最高境界之后就达到了'文',只是比文人多几分坚韧。我喜欢读书,也有一定的写作功底,理应把自小练就的一身功夫通过文字和图片的形式传给后人。"骆广才如是说。

(2014 年 2 月 27 日《浙中新报》)

武术散手技法

骆广才◎著

Wu Shu San Shou
Ji Fa

ZHEJIANG UNIVERSITY PRESS
浙江大学出版社

图书在版编目（CIP）数据

武术散手技法 / 骆广才著. 一杭州：浙江大学出
版社，2015.1(2015.7 重印)
ISBN 978-7-308-14201-4

Ⅰ. ①武… Ⅱ. ①骆… Ⅲ. ①散打(武术)－基本知
识－中国 Ⅳ. ①G852.4

中国版本图书馆 CIP 数据核字（2014）第 297769 号

内容提要

本书系统地介绍了中国武术散手运动踢、打、摔、拿等攻防技术，内容包括散手概述、武术道
德、散手基本功、防守及反击技术、进攻组合技术、快摔技术、擒拿技术、肘膝技术八个方面。

本书突出攻防，注重实效，内容丰富，结构清晰，深入浅出，易学易懂，非常适合广大读者作为
学习武术散手的入门教材，也适于高等院校、中小学校学生作为学习武术散手基础知识的教材。

武术散手技法

骆广才 著

责任编辑	王元新
封面设计	续设计
摄　影	卢国良
出版发行	浙江大学出版社
	（杭州市天目山路 148 号　邮政编码 310007）
	（网址：http://www.zjupress.com）
排　版	杭州中大图文设计有限公司
印　刷	浙江云广印业有限公司
开　本	710mm×1000mm　1/16
印　张	18
彩　插	8
字　数	356 千
版 印 次	2015 年 1 月第 1 版　2015 年 7 月第 2 次印刷
书　号	ISBN 978-7-308-14201-4
定　价	68.00 元

前　言

　　武术散手是两人按照规则以踢、打、摔、拿等武术攻防技法进行徒手格斗的对抗运动,是中华民族宝贵的传统文化遗产和传统体育项目之一。可以说,"武舞"、"手搏"、"打擂台"等武术运动在华夏大地上延绵了数千年,是中华儿女用以自卫强身的重要手段之一,也是群众喜闻乐见的民族体育运动之一。

　　世界上有许多格斗运动项目,如摔跤、柔道、泰拳、跆拳道、空手道、拳击等,也都具有技击特点,但没有一个项目像中国武术散手这样内涵丰富、技法独到。它以中华传统文化为理论基础,以武术攻防技术为核心内容。其中,技击是武术的本质属性,传统武术各流派、各拳种、各功力展示多姿多彩,其内涵就是技击。它运用了兵学、阴阳说、刚柔说、动静说等技击原理,博采各家之长,可谓博大精深,神奇莫测。

　　散手运动对提高人体灵巧、速度、力量、耐力等素质,锻炼勇敢、顽强、刚毅、果断、吃苦耐劳的意志,培养敢于拼搏、不甘落后的精神以及提高习武者尊重对方、尊重裁判等良好的品德修养都具有重要意义。20世纪80年代,国家体委把武术散手纳入体育竞赛项目,使散手成为中国区别于世界各国的民族体育项目之一。

　　本书旨在传承武术文化,挖掘技击精华,弘扬民族体育,倡导尚武精神。本书共分八章,重点对传统武术的踢、打、摔、拿方法和防守反击技术进行了介绍,内容包括:散手概述、武术道德、散手基本功、防守及反击技术、进攻组合技术、快摔技术、擒拿技术、肘膝技术八个方面。值得一提的是,本书的技术动作曾在高等院校、武警部队、体育辅导中心、武术馆(队)的散手教学实践中进行过试验。

　　《孙子兵法》有云"兵者,诡道也"、"攻其不备,出其不意",用兵之道在于千变万化、出其不意。中国武术博大精深,其核心是散手技击。散手技法灵活多变,进攻时有快攻、强攻、佯攻等方法不一的战术形式;防守时有引进落空、乘势借力、直来横取、横来直破等巧妙灵活的技术手段。习武之人应恪守"远踢、近打、贴身摔"、"手是两扇门,全凭腿打人"等技击理念,崇尚智慧的力量,以精湛的武艺、巧妙的技巧、灵活的战术战胜对方。全书500多组示范动作,近1000个动作镜头,读者可以结合实际选择或设计适合自身特点和实战需要的技术与战术进行训练,扬己之长,避己之短,抑彼之长,攻彼之短,攻之有法,防之严密,达到制人而不制于人的实效。本书意在抛砖引玉,希望读者可以举一反三。

习武讲究"体用兼修"。练"体"是知己功夫,指通过套路和功力的练习,提高武功水平;练"用"是知彼功夫,指通过交手比试和实战比赛,提高实战能力。"既得艺,必试敌",实战训练和比赛是检验战术运用的最有效手段。如果说只练套路或功力,缺乏实战经验则"有体无用";只练散手招数,缺乏武功基础则"有用无体"。唯有体用兼修,方为知己知彼,才能百战不殆。

最后,希望广大读者通过武术散手练习增强体魄、防身自卫。同时,提醒大家切勿好勇斗狠,误己误人。

由于本人水平有限,编写时间仓促,书中存在错误及不周全之处,敬请各方专家不吝赐教,以便再版时有所改进。

骆广才

2014 年 9 月 1 日于浙江义乌

目　录

第一章 散手概述

　　武术是以中华文化为理论基础,以具有技击内涵的动作为基本内容,以套路、格斗、功法为主要表现形式的中国传统体育项目。散手是武术的重要组成部分,是两人按照一定规则,使用踢、打、摔、拿等武术攻防技法进行徒手格斗的对抗运动。它以传统武术各流派、各拳种、各功力的攻防技术为核心内容,内涵丰富,技法独特。技击是武术的本质属性,无论是"打擂台",套路、功力演练,还是舞台或影视武打表演等都是武术技击的具体表现形式。可以说,散手运动是以身体动作诠释中国文化的生动载体,具有鲜明的民族文化特征、传统体育特征和武术攻防特征。

第一节　武术散手简史

　　散手,俗称散打、拆手、过招、技击、交手、过手等,明代以前亦称手搏、相搏、试卞、试拚、试弁、白打、拍张等。"搏,手对战也。"(《汉书·李陵传》)"武艺十八,终以白打,以白打为终,明呼其不持铁也。"(《闽小记》)从中可以看出,白手相打、不持器械赤手空拳相搏斗,是我国最古老的武术项目之一,也称相散手。由于散手运动一般在台子上进行,所以又称"打擂台"。

一、武术散手的起源

　　原始社会大约经历了几十万年。据古书《韩非子》和《礼记》中记载,当时是"人民少而禽兽众","食草木之实,鸟兽之肉"。人们在狩猎的生产斗争中,获得了格斗和捕杀的技能,这是武术散手的萌芽。

　　原始社会后期出现的部落之间的战争,在古代文献中有许多记载:"轩辕之时,神农氏世衰,诸侯相侵伐,暴虐百姓,而农氏弗能征,于是轩辕乃习用干戈。"其大致意思是说,由于神农氏力量衰落,不能再担任部落联盟的首领,于是就被轩辕(黄帝)取代了。轩辕为了对付经常出现的部落战争,组织部落成员习用干戈("干"是作战时防御的盾牌,"戈"是一种进攻的武器)。

《淮南子》中记载:"……故当舜之时。有苗不服,于是舜修政偃兵,执干戚而舞之。"大致意思是说,舜与苗部落在长期的武装冲突中,苗始终未被征服,后来舜一方面修明政治,另一方面让战士操持刀、矛、斧、铲等具有攻防含意的武舞。

《礼记·乐记》中也有记载:"干戚旄狄以舞之。"可见,无论是人类与自然界以及部落之间的战争,还是人们"执干戚以舞"的武舞,持石刀、石矛、右斧、骨矛、骨匕、玉铲等武器,用砍、砸、击、刺等攻与防的方法,都促进了散手的形成和发展。

二、春秋战国时期——以"角试"选拔武艺人才

各国为了称霸、争雄,十分崇尚武功。《诗经·小雅》中说:"无拳无勇,职为乱阶。"管仲治齐时,号召全国举荐拳术人才。"于子之乡,有拳勇股肱之力,筋骨秀出于众者,有则以告,有而不以告,谓之蔽才,其罪五……"为交流武功举行了比试,《管子·七法》中记载:"春秋角试,……收天下之豪杰,有天下之骏雄","故举之如飞鸟,动之如雷电,发之如风雨,莫挡其前,莫害其后,独出独入,莫敢禁围"。大意指,武功轻如鸟飞,快如闪电,猛如狂风,前破进攻,后防偷袭,攻防自如,势不可挡。这足以说明当时武功的高强。

当时在思想、政治、哲学等领域中出现了不同的见解和学派,大家各自著书立说,呈现了百家争鸣的局面。其中,《庄子·说剑篇》中记载:"夫为剑者,示之以虚,开之以利,后之以发,先之以至。"论述了引敌深入、后发先至的攻防战术。

三、秦汉时期——手搏比较普遍

秦汉时期,我国武艺的发展进入了一个新的时期。秦朝虽然下令禁止民间习武,但社会上的习武风气从未停止过。秦灭六国后,各国贵族不甘灭亡,暗中坚持操练武艺,随着部分职业武士的专业化,武艺也得到了进一步发展。

到了汉代,由于统治阶级对于武功的重视,社会的习武活动有增无减。汉代实行义务兵役制,凡23至65岁的男子每人服役两年,因此几乎所有男子均有机会参军接受军事训练,他们复员之后把军队中所学的武艺带到了民间,其中武艺出众的人,任为"亭长",负有教练民众习练刀剑、弓弩等兵器的责任,此举大大促进了民间习武的开展。

《汉书·艺文志》中有"手搏六篇"、"试弁"的记载,《汉书·哀帝纪》中说:"孝哀雅性不好色,时览卞射武戏。"这里的"手搏"、"试弁"、"卞"指散手,手搏是继先秦之拳勇,开后世武术之端。汉代"自天子至百官,无不佩剑"(《晋书·舆服志》)。

四、唐代创立——武举

唐代实行科举制,科举制的一个重要内容就是创立了武举。武举就是用考试的方法选拔武艺人才。该举措为习武之人敞开了大门,促进了崇尚武勇风气的形成,推动了武艺的普及和提高。"文事武备"、"文武双全"成了当时社会品评人才的标准。因此,社会各阶层人士几乎都喜欢习拳舞剑,"诗仙"李白从小喜欢剑术,"十五好剑术,偏干诸侯"(《与韩荆州书》),二十五岁时,"仗剑去国,辞亲远游"(《上安州裴长史书》),游遍大江南北。

唐太宗十分重视武艺的训练,唐朝的府兵制是职业兵制,将兵终身为武,以武为业,精研武艺,武功高强,军力强盛。

五、宋代出武坛奇才——金台

宋代的武举与唐代相比,减少了部分武艺内容,增加了兵书策义等理论方面的内容。《宋史·选举三》记载:"有武事者必有文备","……凡武举,先试义、策于秘阁,武艺则试于殿前司,及殿试,则又试骑射及策于庭。"即先试兵书策义,后试骑射武艺。"武举本求武将之材";"武举三年一试",分"解试"、"省试"、"殿试"三级。"解试"由地方诸州主持;"省试"由兵部主持;"殿试"由皇帝主持。殿试第一名即武状元授予正将,第二、三名授予副将,第四、五名及省试第一名授予准备将。六名以下另行分配。

北宋时,浙江义乌出了一位武坛奇才——金台。1065年,西夏番邦在汴京(今开封)设下黑风擂台,意欲进犯中原,皇上颁下诏书,广选人才。金台揭了皇榜,前往京城打擂台,以"倒挂金钟"的绝招对准纵身向上而来的黑风,当头挥拳一砸,黑风顿时一命归西。金台的拳头打出了国威,从此西夏国俯首称臣。据说,金台是宋朝武术家周侗的师父,而周侗又曾是岳飞以及梁山好汉卢俊义、林冲、武松等人的师父,其武功号称"古今天下第一",有"王不过霸,将不过李,拳不过金"之说。

六、明、清时期——武术理论有所建树

明、清时期,中国武术进入了一个新的时期。继承了唐宋以来的武举制和武学制,根据《明史·纪事本末》记载,明朝朱元璋下令武举制设文武二科,"……应举者,先之以谋略,次之以武艺,俱求实效,不尚虚文,三年一开举。"民族英雄、杰出将领、武术家、军事家俞大猷、戚继光等都是武举出身。

清朝的武举有乡试、会试、殿试三种。《清史·选举三》记载:"武科,自世祖初元下诏举行,子、午、卯、酉年乡试,辰、戌、丑、未年会试,如文科制。乡试以十月,直隶、奉天于顺天府,各省于布政司,中试者曰武举人。次年九月会试于京,中试者曰武进士。……殿试,简朝臣四人为读卷官,钦阅骑射技勇,乃试策文。临轩传唱状

元、榜眼、探花之名。"

凡中举者授予官职。《清史·选举三》记载:"一甲进士(状元、榜眼、探花)或授副将、参将、游击、都司,二、三甲进士(武进士)授守备、署守备。其后一甲一名(武状元)授一等侍卫,二、三名(武榜眼、武探花)授二等侍卫。营、卫守备有差。"凡各省武生、绿营兵丁皆得应乡试,武举及现任各千总、把总等皆得应会试。直到1905年8月,清政府下旨:"停科举,以广学校。"从此,结束了唐代以来的武举制。

明清时期一些武术家博采众家之长,兼习各派之优,身体力行,著书立说,在武术理论方面有所建树。戚继光的著作《练兵纪实》和《纪效新书》称为戚氏兵书姐妹篇。此外,明朝的一些武术著作还包括俞大猷的《剑经》、唐顺之的《武编》、程冲斗的《耕余剩技》、何良臣《阵纪》、茅元仪《武备志》,清朝的包括王介祺的《拳经》、《太极连环刀法》,黄百家的《内家拳法》,王宗岳的《太极拳经》等,为中华武术的发展作出了重要贡献。

明朝史学家朱国祯在《涌幢小品》中记载:"十八般武艺",即"一弓、二弩、三枪、四刀、五剑、六矛、七盾、八斧、九钺、十戟、十一鞭、十二锏、十三挝、十四殳、十五叉、十六爬头、十七锦绳、十八白打。"

七、民国时期——浙江举办国术游艺大会

1929年9月27日,浙江省国术馆向全国发起浙江省国术游艺大会,得到各省、市积极支持后,于同年11月16—27日在杭州举办了"浙江省国术游艺大会",又称"杭州擂台比武赛"。这是民国初年极有影响的全国性武术比赛,参加表演者345人,参加比武者125人,分别来自浙江、北平、重庆等近20个省市,均为全国武林之精英。其中,历史上以"义乌拳头"闻名的浙江义乌选手包括骆士林、傅勤敏、龚志良、许和义四人。大会采取先表演、后打擂的顺序进行;擂台赛不分级别,采用三战二胜制,以打倒为胜。赛后计取最优等十名、优等十名、中等十名。此次大会规模空前,激起了民众对武术的浓厚兴趣。

这是民国第一次全国武术比赛,边比赛、边修改比试规则,整个比试过程先后公布、修改规则共四次。

八、新中国成立以来——武术散手运动向多元化发展

新中国成立以来,党和政府非常重视武术这一民族传统体育运动的发展,还出台了一系列有关发展民族传统体育的方针政策、法律法规,全国群众性武术运动得到蓬勃发展。1960年毛泽东主席提出:"凡能做到的,都要提倡做体操、打球类、跑跑步、爬山、游水、打太极拳及各种各色的体育运动。"武术成为体育运动的重要内容。

1979年开始,我国在浙江省体委、北京体育学院和武汉体育学院三个单位开

展散手运动试点。1980年,开始全面推广;1982年,国家体委制定了《散手竞赛规则》(初稿);1989年,散手被批准列为体育正式竞赛项目,这是中国武术散手运动发展史上的里程碑;1991年,经国家体委审定,《武术散手竞赛规则》正式出版,并实行裁判员、运动员等级制度。

1993年,第七届全国运动会把武术散手列为全运会正式比赛项目,使武术散手运动向规范化、专业化、社会化、产业化、国际化方向发展。

第二节 武术散手的特点

散手运动是以武术攻防技法进行徒手格斗的对抗性体育项目,双方斗智、斗勇、较技、较力,激烈精彩,具有较高的竞技性和观赏性。它内涵丰富,博大精深,神奇莫测,以巧取胜,是以身体动作诠释中国文化的生动载体,具有鲜明的民族文化特征、传统体育特征和武术攻防特征。其特点如下。

一、体育性

《孙子兵法》中有记载:"搏刺强士体。"说明古代手搏就具有体育属性。20世纪80年代,国家体委把散手纳入体育竞赛项目,寓群众喜闻乐见的技击性于体育之中,使散手成为中国区别世界各国、独具特色的民族体育项目,有力促进了散手运动的发展。可以说,散手运动的发展,对传承武术文化、促进武艺交流、推动全民健身、增进友谊团结、锻炼坚强意志、培养勇敢精神及丰富群众生活等发挥着积极作用。

散手运动体现着武术的内涵和精神,但散手技击性很强,极易伤人,存在安全问题。因此,要求习武者遵守竞赛规则,恪守武德规范。散手竞赛规则严格规定禁止攻击对方后脑、颈部和裆部,禁止使用头、肘、膝和反关节的动作进攻对方等,同时提倡运用武术各种流派的攻防招法。

二、技击性

技击是武术的本质属性,散手是武术格斗技击。实战中双方可以运用武术各流派、各拳种、各功力的招法,斗智斗勇,较技较力,拳打脚踢,手脚并用,反应快速,变化莫测。强大的功力是散手技击的基础要素,技术巧妙与战术运用是技击的上乘要素。散手运动以"远踢、近打、贴身摔"为原则,讲究"手是两扇门,全凭腿打人",注重"轻力尚巧"、"尚巧不尚力"、"以巧取胜"、"借力打人"、"引进落空"等技击理念,崇尚智慧的力量,以精湛的武艺、巧妙的技巧、灵活的战术战胜对方。

技术是战术的基础,战术是技术的灵魂。运动员需遵循"攻防兼顾"的原则,根据自己的特点和对方的情况制定灵活多变的战术,可以从侧面、正面、背面等不同的进攻方向,打击对方上、中、下等不同的攻击点,进行立体交叉、全方位攻击,使其防不胜防。战术形式上,有快攻、强攻、佯攻等。其中佯攻动作如指上打下、指下打上、视左击右、视右击左、有真有假、有虚有实等。面对强手防中有攻,以防守反击为主,面对弱手攻中有防,以攻为主,面对势均力敌者,攻防兼顾,有序进攻,稳妥防守,抓住战机,猛烈强攻,以最快的速度、有效的动作、强大的功力和必胜的信心赢得胜利。

注重武术传统技法在散手运动中的运用,如"四两拨千斤"等的实战用法,达到以轻制重、以弱胜壮、以慢胜快等效果。散手技击随机应变,既可以以快打慢,先发制人,也可以以静制动,后发至;既可以以柔克刚、以刚克柔,也可以以刚克刚、以柔克柔、刚柔相济。拳论上讲:"人刚我柔为之走,人柔我刚为之粘;动急则急应,动缓则缓随;虽变化万千,而理为一贯。"此为刚柔相济的技法。

三、民族性

武术散手是中华民族优秀的文化遗产,呈现出浓郁的民族文化特色。其一,散手运用武术各拳种、各流派的攻防招法,显示出民族武术的丰富内涵和博大精深,反射出民族文化的光彩夺目和文化价值。其二,"打擂台"显示出鲜明的民族文化特征,成为群众喜闻乐见的传统文化活动。擂台上习武者千变万化的招数带给人以美的享受,顽强拼搏的精神给人无穷的力量。其三,技击理论汲取了中华传统哲学、兵学等多种文化思想和观念,技击实战中运用了刚柔说、动静说、阴阳说、体用说等,具有丰富的民族文化内涵,可谓博大精深。其四,"尚武崇德"已形成传统武术文化,"抱拳礼"已成为习武者的礼仪规范。习武者在比武时严格遵守竞赛规则和武术道德规范,赛出风格,赛出水平,场上是对手,场下是朋友;切磋武艺,讲究武德,点到为止,保护对方。许多习武者在技术交流时,谦虚好学,讲究礼节,为人诚恳,显示出习武人高尚的人格魅力和文化素质。

第三节 目前武术散手竞赛规则简介

一、竞赛局数与时间

淘汰赛和循环赛每场比赛均采用三局两胜制,每局比赛2分钟,局间休息1分钟。

二、体重分级

(1)48 公斤级(≤48 公斤)

(2)52 公斤级(>48 公斤且≤52 公斤)

(3)56 公斤级(>52 公斤且≤56 公斤)

(4)60 公斤级(>56 公斤且≤60 公斤)

(5)65 公斤级(>60 公斤且≤65 公斤)

(6)70 公斤级(>65 公斤且≤70 公斤)

(7)75 公斤级(>70 公斤且≤75 公斤)

(8)80 公斤级(>75 公斤且≤80 公斤)

(9)85 公斤级(>80 公斤且≤85 公斤)

(10)90 公斤级(>85 公斤且≤90 公斤)

(11)100 公斤级(>90 公斤且≤100 公斤)

(12)100 公斤以上级(>100 公斤)

三、服装护具

(1)运动员必须穿中国武术协会认定的武术散打比赛服装及护具。

(2)比赛护具分红、蓝两种颜色。包括拳套、护头、护胸,以及自备的护齿、护档和缠手带,护档必须穿在裤子内,缠手带的长度为 3.5~4.5 米。

(3)女子运动员和男子 65 公斤级及以下级别的拳套重量为 230 克;男子 70 公斤级至 85 公斤级的拳套重量为 280 克;男子 90 公斤级及以上级别的拳套重量为 330 克。

四、比赛礼仪

(1)每场比赛开始前介绍运动员时,运动员向观众行抱拳礼。

(2)每局比赛开始前,运动员上台后先向本方教练员行抱拳礼,教练员还礼;运动员之间再相互行抱拳礼。

(3)宣布比赛结果时,运动员交换站位。宣布结果后,运动员先相互行抱拳礼,再向台上裁判员行抱拳礼,裁判员还礼。然后向对方教练员行抱拳礼,教练员还礼。

(4)边裁判员换人时,互相行抱拳礼。

五、可用方法

可以使用武术的各种拳法、腿法和摔法。

六、禁用方法

(1)用头、肘、膝和反关节技法攻击对方。

(2)用迫使对方头部先着地的摔法或有意砸压对方。

(3)用任何方法攻击倒地一方的头部。

七、得分部位

头部、躯干、大腿。

八、禁击部位

后脑、颈部、裆部。

九、得分标准

(一)得 2 分

1.一方下台,另一方得 2 分。

2.一方倒地,站立者得 2 分。

3.用腿法击中对方头部、躯干得 2 分。

4.用主动倒地的动作致使对方倒地,而自己顺势站立者,得 2 分。

5.一方被强制读秒一次,另一方得 2 分。

6.一方受警告一次,另一方得 2 分。

(二)得 1 分

1.用拳法击中对方头部、躯干得 1 分。

2.用腿法击中对方大腿得 1 分。

3.运动员被指定进攻后达 5 秒钟仍不进攻时,另一方得 1 分。

4.一方主动倒地超过 3 秒不起立,另一方得 1 分。

5.一方受劝告一次,另一方得 1 分。

(三)不得分

1.方法不清楚,效果不明显,不得分。

2.双方下台,互不得分。

3.双方倒地,互不得分。

4.一方用方法主动倒地,另一方不得分。

5.抱缠时击中对方,不得分。

十、犯规与罚则

(一)技术犯规

1. 消极搂抱对方。
2. 背向对方逃跑。
3. 处于不利状况时举手要求暂停。
4. 有意拖延比赛时间。
5. 上场不戴或有意吐落护齿、松脱护具。
6. 比赛中对裁判员有不礼貌的行为或不服从裁判。
7. 运动员相互抱缠超过 2 秒钟时不听从台上裁判员"分开"的口令。

(二)侵人犯规

1. 在口令"开始"前或喊"停"后进攻对方。
2. 击中对方禁击部位。
3. 以禁用方法击中对方。
4. 用方法故意致使对方受伤部位的伤情加重。
5. 在"分开"口令后没有后撤即主动进攻对方。

(三)罚则

1. 每出现一次技术犯规,劝告一次。
2. 每出现一次侵人犯规,警告一次。
3. 侵人犯规达 3 次,取消该场比赛资格。
4. 运动员故意伤人,取消其比赛资格,所有成绩均无效。
5. 运动员使用违禁药物或局间休息时吸氧,取消其比赛资格,所有成绩均无效。

十一、胜负评定

(一)优势胜利评定

1. 在比赛中,双方实力悬殊,判技术强者为该场胜方。
2. 在比赛中,一方被重击倒地不起达 10 秒钟,或虽能站立,但知觉失常,判另一方为该场胜方。
3. 一场比赛中,一方被重击强制读秒达 3 次,判另一方为该场胜方。
4. 一局比赛中,双方运动员得分相差 12 分时,判得分多者为该场胜方。

(二)每局胜负评定

1. 在每局比赛结束时,依据边裁判员的评判结果,判定每局胜负。
2. 一局比赛中,一方受重击被强制读秒 2 次,另一方为该局胜方。

3.一局比赛中,一方2次下台,另一方为该局胜方。

4.一局比赛中,双方运动员得分相同时,判主动进攻技术强者为该局胜方。

(三)每场胜负评定

1.一场比赛中,先胜两局者为该场胜方。

2.比赛中,运动员出现伤病,经医务监督员检查确认不能继续比赛者,判另一方为该场胜方。

3.比赛中因一方犯规,另一方诈伤,经医务监督员确诊后,判犯规一方为该场胜方。

4.因对方犯规而受伤,经医务监督员检查确认不能继续比赛者,为该场胜方。但不得参加后面所有场次的比赛。

十二、名次评定

(一)个人名次评定

1.淘汰赛时,直接产生名次。

2.循环赛时,积分多者名次列前,若两人或两人以上积分相同时,按下列顺序排列名次:

(1)负局数少者列前。

(2)受警告少者列前。

(3)受劝告少者列前。

(4)体重轻者列前(以第一次称量体重为准)。

上述四种情况仍相同时,名次并列。

(二)团体名次评定

1.名次分:

(1)各级别录取前8名时,分别按9、7、6、5、4、3、2、1的得分计算。

(2)各级别录取前6名时,分别按7、5、4、3、2、1的得分计算。

2.积分相同时的处理办法。两个或两个以上的团体分数相同时,按下列顺序排列名次:

(1)按个人获得第1名多的队名次列前;如再相同时,按个人获得第2名多的队名次列前,依此类推。

(2)受警告少的队名次列前。

(3)受劝告少的队名次列前。

上述几种情况仍相同时,名次并列。

十三、场地

1.比赛场地为高80厘米、长800厘米、宽800厘米的擂台,台面上铺有软垫;软垫上铺有盖单,台中心画有直径120厘米的中国武术协会会徽。台面边缘有5厘米宽的红色边线;台面四边向90厘米处画有10厘米宽的黄色警戒线。

2.台下四周铺有高30厘米、宽200厘米的保护软垫。

注:因《竞赛规则》仍在不断修改和完善,故本规则简介仅供学习参考。

第二章 武术道德

礼仪文明作为中国传统文化的一个重要组成部分,对中国社会历史发展起了广泛而深远的影响,其内容十分丰富、范围十分广泛,在武术领域形成的就是传统武德。在社会主义精神文明建设中,我们应立足于吸收传统武德之精华,使传统文明礼仪古为今用。

武德即武术道德,是习武者道德行为准则、规范要求的总和。具体来说,体现了习武者为人之德、爱国之德、教武之德、学武之德、习武之德、管武之德、比武之德、评武之德、用武之德、施武之德等方面。拳谚云:"武以德立,德为艺先","夫武德者,武之宗也","未曾学艺先学礼,未曾习武先习德","缺德者不可与之学,丧理者不可教之武"等,习武者要"内外兼修",在提高外在武艺技能的同时,注重内在武德修养。

第一节 传统武德

在漫长的历史长河中,武术群体逐渐形成的对习武者的行为准则和规范要求的总和,就是传统武德。传统武德作为一种意识形态,深受传统伦理道德的影响,是习武群体在社会活动中逐渐形成的共同遵守的行为规范,是传统伦理道德思想在武术领域的具体运用。传统武德的意义:一是改善了习武者处理人与人之间的关系,与人为善,以和为贵;二是增强了习武者对社会、民族、国家的责任感、正义感和使命感,习武为民、习武卫国;三是明确了习武者的行为规范以社会伦理道德思想为总纲,恪守公德,维护秩序;四是促进了传统武术文化的传承和发展,尚武精神,民族脊梁。

传统武德在习武者思想中形成了习武者特有的价值观、世界观、人生观,对习武者在社会活动中的思想和行为起引导、规范和约束作用。同时,要求习武者严格遵守社会伦理道德,维护社会秩序和社会和谐,遵守传艺规矩,恪守用武原则,倡导习武为民、习武卫国。传统武德虽然在某种程度上受到封建思想的影响,但也反映着中华民族在道德文明上的进步。传统武德的内涵如下。

一、忠

忠,是武德之首要内容——尽忠报国。"忠者,德之正也";"诚者,天之道也";忠诚者,为人之正道也。要求习武者为人忠厚善良、忠诚恭敬;为国尽忠建功,尽忠效力;为人竭心尽力忠于君国,孝于父母,忠于感情,忠诚坚贞。我国历史上曾出现过许多"尽忠报国"的典范:北宋著名军事家族杨家将,著名的民族英雄、抗金名将、义乌人宗泽,以及抗金名将岳飞、抗倭名将戚继光、收复台湾的郑成功、虎门销烟的林则徐等。

二、仁

仁,指人与人之间亲善、友爱、博爱。简单地说:爱人如己。孔子把"仁"作为最高道德原则、道德标准和道德境界,他说:"己所不欲,勿施于人。"即指自己所不喜欢的,不要强加给别人,这才是有仁德的人。《论语·颜渊》中说:"四海之内皆兄弟也,君子何患乎无兄弟也?"意思是说,人与人之间是可以亲如兄弟的。《孟子·梁惠王》中说:"仁者以天地万物为一体。"要求习武者用广博的爱去对待一切,以武会友,以和为贵,谦逊和气,师慈徒孝,兄贤弟恭;遇事与人为善,以爱人之心宽恕他人。习武者之间切磋武艺点到为止,不伤害对方,"尚德不尚力"。

"仁不轻绝,智不轻怨"《战国策·燕策三》,指仁慈的人不轻易与人断交;明智的人不轻易怨恨别人,要求习武者做到"仁者爱人"。"仁爱士卒,士卒皆争为死"(《史记·袁盎列传》),指爱是一种力量,是一种感情,是一种责任。

三、信

信,要求习武者遵守诺言,恪守信誉。"有其言,无其行,君子耻之"(《礼记·杂记下》)。孔子《论语·为政》:"人而无信,不知其可也。"《墨子经》:信者,诚也。专一不移也。诚实可靠,信守诺言是中国传统武德的重要内容。自古以来,武林志士待人处事诚信老实;言必信、行必果;言行一致,表里如一;一言九鼎、一诺千金;一言既出、驷马难追,成为男子汉的品质和象征。

四、义

义,要求习武者讲正义、道义、情义。《孟子·告子上》:"生,亦我所欲也,义,亦我所欲也,两者不可得兼,舍生而取义者也。"孔子曰:"君子喻于义,小人喻于利。"

指道德上有修养的人明白大义,而那些心怀鬼胎的人只明白自己的利益。义是习武者的一种责任、一种奉献。武林志士历来打抱不平、崇尚正义,路见不平,拔刀相助,扶危济困,舍己救人。

五、孝

"孝,乃百行之本,众善之初也。"习武者要"百行孝为先",孝敬父母,孝敬师长。"一日为师,终身为父","师为徒纲","恩师情重如山"。《论语》有云:"三年无改于父之道,可谓孝矣。"民间老拳师对忘恩负义的徒弟称"过桥拆板",即"过河拆桥"。

《弟子规》云:"德有伤,贻亲羞。"指品德有缺陷让父母蒙羞。要求习武者"内外兼修,德艺双修",严于律己,遵纪守法,不乱用武,不乱施武,善修其身,善正其心,善慎其行,善守其德,以德润身,以理服人。不让父母蒙羞,不让民族蒙羞,不让国家蒙羞。对于父母,此乃孝之始也。

《孝经·开宗明义章》云:"身体发肤受之父母,不敢毁伤,孝之始也。"指为人子女,欲行孝,应先从爱护自己开始,不要让父母为我们身体的伤患而担忧。习武者勤学苦练,增强体质,可谓利国利民,对于父母,此乃孝之始也。

六、礼

礼是习武者的行为规范。"不学礼,无以立"(《论语》)。

怎么做才有礼呢?"名不正则言不顺,言不顺则事不成,事不成则礼乐不兴,礼乐不兴则刑罚不中,刑罚不中则民无所措手足"(《论语·子路》)。指说话要与自己的地位相称,否则道理上就讲不通。名分不纠正,说起话来就不顺当;说话不顺当,事情就办不成;事情办不成,礼乐也就不能复兴;礼乐不能复兴,刑罚就不会得当;刑罚不得当,百姓就会手足无措。《论语·学而》:"礼之用,和为贵。先王之道,斯为美。"指礼的应用,以和谐为贵。古代君王的治国方法,先贤流传下来的道理,最可贵的地方就在于此。"名位不同,礼亦异数"(《左传·庄公十八年》)。礼是有差别性的行为规范,每个人必须按照他自己的社会、政治地位去选择相当于其身份的礼,符合这条件的为有礼,否则就是非礼。要求习武者在社会活动中,恪守传统伦理道德规范,否则,非礼也。

习武者受传统伦理道德影响,在武术活动中对礼有严格标准和要求,按照习武者的社会地位、身份、场合等不同,形成一系列具体的、形式化的礼仪,体现着习武者的修养涵养。内容包括礼貌、礼节、仪式、仪表等。如武林人士在开拳之前,先行礼;以武会友,先行礼;在一定场合演讲之前,先行礼等。"礼多人不怪"、"先礼后兵"已形成传统。

七、智

智,指习武者判断是非善恶的能力或意识,并把武术道德规范当作自觉行动。

儒家把"智"看成是实现其最高道德原则"仁"的重要条件之一,"智"的五个步骤:博学、审问、慎思、明辨、笃行。习武者通过长期的内外兼修,将道德内化为人的自觉意识和行为,促进了中华武术的传承和发展。习武者自强不息、厚德载物等精神成为中国传统文化的精华。

侠义之人要做到"富贵不能淫,贫贱不能移,威武不能屈",即使自身富贵,也不做过分的事,不穷奢极侈,不为声色所迷,即使自身贫困,但志不贫,不做不仁不义之事,即使自身勇武,也以德服人,而不以武屈人,滥用武力。孟子曰:"故士穷不失义,达不离道",指人穷的时候不丧失道德的标准,而发达的时候也不可以背弃自己做人的原则。

八、勇

武德中"勇"既是道德标准又是行为实践。《论语·为政》:"见义不为,无勇也。"儒家认为,"勇"必须符合"仁、义、礼、智",而且不能"疾贫",只有这样才能称其为勇。《论语》:"君子有勇而无义为乱。"勇有大勇和小勇之分。孟子说:血气之怒、匹夫之勇,是小勇;以匡扶正义、安抚天下为己任,是大勇。小勇敌一人,大勇安天下。

武林志士历来以"先天下之忧而忧,后天下之乐而乐"的博大胸怀,以维护社会道义、正义为己任,把武力用在为国为民的大事上,以武卫国,英勇善战,为民除害,惩恶扬善,路见不平,拔刀相助,扶危济困,舍己救人,以武制暴,见义勇为,危难时刻不惜舍生取义,被称之为大智大勇大义。

勇还体现在历代武林志士勇猛习武、献身武术的尚武精神。尚武精神促进了传统武术文化的传承和发展,强硬了中华民族的脊梁。

第二节　当代武德

传统武德在历史的长河中随着时代的发展和社会的进步,其内容也在不断地调整、充实、创新和发展。现阶段,我们在建设社会主义精神文明时对传统武德更应"取其精华,弃其糟粕",这就是当代武德。其主要内容如下。

一、弘扬武术,为国争光

武术是我国民族体育项目之一,传承和发扬中华武术是武林志士应尽的义务和责任。一要积极培养、发现、推荐、保护各类武术人才,挖掘、抢救、整合我国传统武术资源,增强国家武术运动实力,为武术走向世界、走向奥运贡献力量。随着市场经济和体育产业的发展,武术馆(校)、培训中心(站)、训练基地等应运而生,这对武术老师的师德提出了更高的要求,身教重于言教。孔子曰:"其身正,虽不令而行;其身不正,虽令而不行。"老师要做到言传身教、为人师表、言必正言、行必正行、教必正教;"不可不传,不可乱传",不可重利轻艺,不可误人子弟,不搞个人神化,不搞思想束缚。金华、义乌一带的武术家提出"五教、五不教","五教":秉性良善者,为练身体者,弘扬武术者,侠义心肠者,为人正派者;"五不教":性格暴躁者,心存怨仇者,违法乱纪者,嗜赌成癖者,作风不正者。二要组织、发动和引导群众参与武术健身运动,当好社会体育辅导员,促进全民健身运动的发展和国民素质的提高。三要大力传承和传播武术文化,让全世界人民了解中国武术文化的博大精深。武术融入了我国悠久的文化传统,承载了我国传统文化的思想精华,弘扬武术对激发国民的民族精神、顽强拼搏精神和爱国主义精神具有重要意义。

二、爱国守法,见义勇为

爱国守法,武德之本。爱国主义是习武者对自己祖国的一种最深厚感情,也是一种崇高的思想品德。遵纪守法是现代社会公民的基本素质和义务,法律面前人人平等,习武者要通过修身养性,提高自我修养,培养高尚的道德情操,自觉维护法律的尊严和自身的合法权益,争做遵纪守法的武术人。"艺高人胆大,胆大艺更高",但不能忘乎所以,胆大妄为,为所欲为,违法乱纪。与此同时,要敢于与违法乱纪行为作斗争,共同维护社会的正义和国家法律的尊严,在与犯罪分子作斗争时,要把握"度",无过而不及。

见义勇为指习武者为保护国家、集体利益和他人的人身、财产安全,不顾个人安危,同违法犯罪行为做斗争或者抢险、救灾、救人的行为。习武者通过长期"内外兼修"具备了超人的胆识、品质和武功,以身任天下,修己以安百姓的道德精神,对人民、对社会、对国家有强烈的责任感、正义感、使命感,当国家和人民的利益受到侵害时,奋不顾身,挺身而出;为维护社会的公道和正义,该出手时就出手,扬善除恶,见义勇为。爱国爱民是习武者应有的品质,习武者要弘扬爱国主义精神,以"先天下之忧而忧,后天下之乐而乐"的博大胸怀,为构建和谐社会、平安社会、文明社会作出努力,积极参与社会治安活动,勇于同违法犯罪行为做斗争,在国家和人民关键时刻不惜舍生取义,体现出当代习武者高尚的道德品德和良好的精神风貌,在武德实践中实现人生价值。

三、尊重他人,团结友爱

一个人只有懂得尊重别人,才能赢得别人的尊重。习武者应恪守礼仪,养成尊重别人的习惯,礼让为先,有礼有节。《论语·子路》:"君子和而不同,小人同而不和。"习武者要有包容精神,团结不同意见、不同门派、不同拳种、不同民族的各界人士,求同存异,以武会友,相互学习,共同进步。

习武者在切磋武艺时,点到为止,保护对方,尊重他人;前辈们在技术交流时,会谦虚地说:"承让承让"、"承蒙谦让"、"请多关照"、"请手下留情"、"谢谢、谢谢"之类的客气话,显示出习武人高尚的人格魅力。在比武时严格遵守竞赛规则和武术道德规范,场上是对手,场下是朋友。武林界有"尚德不尚武"、"尚德不尚力"、"尚武不尚力"的格言,即指武德比武功更重要。

"井淘三遍吃好水,人从三师武艺高。"尊师爱生是中华传统美德之一。学生要尊重老师,敬爱老师,恩师情重如山。老师在传授武艺时,要尊重学生的人格和尊严,鼓励他们进行全方位学习,多参加各类武术观摩、比赛、交流、培训、研讨等活动,不断提高武术运动成绩,还要以学生为主体,尊重学生个性,自主全面发展。

四、修身养性,文明礼貌

修身养性就是要求习武者通过"内外兼修、德艺双修"来达到自我完善的一种途径,把先贤之美德才学和社会之公德化为自身之习性功力。诸葛亮说:"静以修身,俭以养德。唯淡泊可以明志,唯宁静可以致远!"习武者要以静思反省来使自己尽善尽美,以俭朴节约财物来培养自己高尚的品德。

俗话说"万事忍为先",习武者面对一件极度不满的事情,在没有探究真正的原因前需要忍耐,即使弄清了真正的原因也应忍耐,因为发怒无益问题的解决,不滥用武力,不以暴制暴,德为艺先,武以德立。孔子曰:"三人行必有吾师,择其善者而从之,择其恶者而改之。"习武者要加强理论学习,加强自我修养,培养高尚的道德情操和良好的精神风貌。

文明礼貌体现习武者的道德修养、文化修养和为人处世的能力。武术界自古有"未曾学艺先学礼"的传统,讲文明、讲礼貌已成为美德。要求习武者做到仪容整洁干净、举止端庄大方、表情和蔼可亲、语言谦虚恭敬、服饰讲究场合。武术服饰包括衣服和装饰,武林人士参与武术表演、武术裁判、武术教学、武术训练、武术交流等活动,要严格按照武术道德规范和大会要求着装。武林志士通过长期"内练精气神,外练筋皮骨"的锻炼,具备武术人特有的气质和风度,显示出习武人良好的道德风尚和中华民族的尚武精神。

第三节　抱拳礼

抱拳礼,在我国历史上称"作揖礼"、"拱手礼",是中国民族传统的、独特的见面问候礼仪,以两手在胸前相合表示敬意。

拱手礼源于上古时代,有数千年的文化历史。《论语·微子》中有这样的记载:"子路拱而立。"据《周礼》记载,根据双方的地位和关系,当时作揖就已有土揖、时揖、天揖、特揖、旅揖、旁三揖之分。土揖是拱手前伸而稍向下;时揖是拱手向前平伸;天揖是拱手前伸而稍上举;特揖是一个一个地作揖;旅揖是按等级分别作揖;旁三揖是对众人一次作揖三下。古人作揖的方法有许多种,如长揖,即拱手高举,自上而下向人行礼。

一、中国历史上传统的作揖礼、抱拳礼的基本做法

行抱拳礼时,双腿站直,上身直立或微俯,双手互握合于胸前。一般情况下,男子以左手抱右手,即右手握拳在内,左手在外,自然抱合,松紧适度,屈臂拱手,自然于胸前微微晃动,不宜过烈、过高;女子则正好相反。若为丧事行拱手礼,则男子以右手抱左手,即左手握拳在内,右手在外,女子则正好相反。

古人认为杀人时拿刀都是用右手,右手在前杀气太重,所以男子尚左,用代表友好的左手在外,把右手包住,表示和平友好。男子用左手握右手,称作"吉拜",相反则是不尊重对方的"凶拜"。

我国民族传统文化源远流长,由各民族、各地域的传统文化汇聚而成,"左""右"孰尊,古今有别,情形各异。《老子》说:"君子居则贵左,用兵则贵右。"《史记·廉颇蔺相如列传》:"既罢归国,以相如功大,拜为上卿,位在廉颇之右"。近代则以"左"为尊。

传统的"抱拳礼"有模仿带手枷奴隶的含义,意为愿作对方奴仆。后来拱手逐渐成了程式化的相见礼节,以自谦的方式表达对他人的敬意。"抱拳礼"体现着中国的人文精神,现在被广泛运用于人们的社会活动包括武术界的礼仪之中。

二、现代国内外武术界采用抱拳礼的方法

双腿并步站立,左掌右拳胸前相抱,高与胸齐,拳掌与胸之间距离为 20～30 厘米。

要点:左手四指并拢伸直,拇指屈拢成立掌;右手握拳拳面紧贴左手掌心,拳心

向下,拳眼向内,屈臂成圆,肘尖微垂,左指尖与下巴同高。头正身直,目视对方,从容大方。如图 2-1 所示。

图 2-1 抱拳礼

三、武术界抱拳礼的基本含义

(1)双手合抱在胸前,表示武术界五湖四海皆兄弟。

(2)左手拇指屈拢,表示武林人士"莫称大",表示谦逊、谦虚、谦让。

(3)左掌为"文",右拳为"武",指武功受武德约束和监督,既要做到慎用武力,遵纪守法,又要做到勇猛习武,见义勇为。习武者做到"文武兼学"、"内外兼修"、"德艺双修"。

(4)双手合抱在胸前,表示武术同仁的友谊永记心间也表示恭敬师友,前辈指教。

第三章　散手基本功

　　散手基本功和基本动作一般包括手型与步型、步法与手法、腿法与膝法等,这是散手技击的基础。俗话说:"书不可一日不读,功不可一日不练","苦读书书中有玉,勤习武武内生金"。习武者通过长期刻苦的基本功训练,能增强关节的灵活性、韧带的柔韧性、肌肉的控制力、内劲的爆发力等,可使身体各部位、各系统得到全面训练,能较快地提高散手专项身体素质,对提高技能、提高功力、增强体质具有重要意义。

　　拳谚说:"练拳容易走步难","步不快则拳慢,步不稳则拳乱","拳快不如变身快,身快不如步法快","手到脚不到,破敌不得妙;手到脚亦到,方为得玄妙","手打三分腿打七分,胜人全凭脚下疾"等,都说明了步法的重要性。因此,通过练习提高步法的灵活性、稳定性和准确性十分重要。

　　手法、腿法是主要的进攻技术,讲究速度快、力量大、力点准、预兆小、方法巧。兵书上说:"兵贵神速。"拳理说:"眼明手快,有胜无败","出手不见手,打拳人不知","不招不架,只是一下,犯了招架,十下八下","起手如闪电,闪电不及合眸;打人如迅雷,迅雷不及掩耳",都说明快可使对方防不胜防。有人说:"放松就是最快,最快就是放松。"放松包括肌肉放松和精神放松,精神放松是灵魂;肌肉放松才能使力的传递畅通无阻,才能使劲力百分之百到达着力点,才能有强大的力量。拳谚有"蓄势散手,着人成拳",是指蓄劲时拳心要空,发劲冲拳着人的一瞬间成拳,并要求直腕,以防受伤。松(柔)是手段,紧(刚)是目的,通过松的手段让身体更多的肌肉去参与运动,最后达到内外合一。内外合一体现在散手的发劲中,叫整劲或爆发力。预兆动作暴露了进攻的意图,达不到快速、隐蔽出击的效果,如有的选手实战中有眨眼、皱眉、咧嘴等现象,有的出手或出腿时先收后打、先拉后打或重心先调整一下再出击,有的打拳时先动步、手脚不协调等,习练者要避免习惯性错误动作。

　　习武者在长期的练习中结合自身实际,积累了很多行之有效的练习手段,逐渐形成了一套由浅入深、完整而系统的基本功和基本动作,限于篇幅本书只作部分介绍。

第一节　手型与步型

一、手型

(一)拳

四指并拢卷握,拇指紧扣食指与中指的中节。拳心向下为平拳,拳眼向上为立拳。如图 3-1 所示。

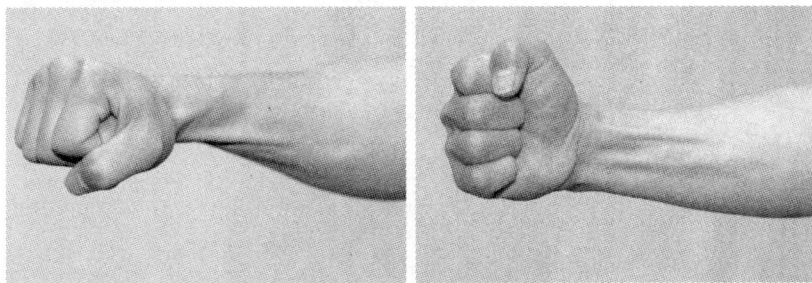

图 3-1　平拳、立拳

要点:握拳要紧,拳面要平,手腕要直。拳谚说:"蓄势散手,着人成拳",是指蓄劲时拳心要空,作发劲冲拳着人的一瞬间成拳。

(二)掌

四指并拢伸直,拇指弯曲紧扣于虎口处。插掌时为平掌,推掌时为立掌。如图 3-2所示。

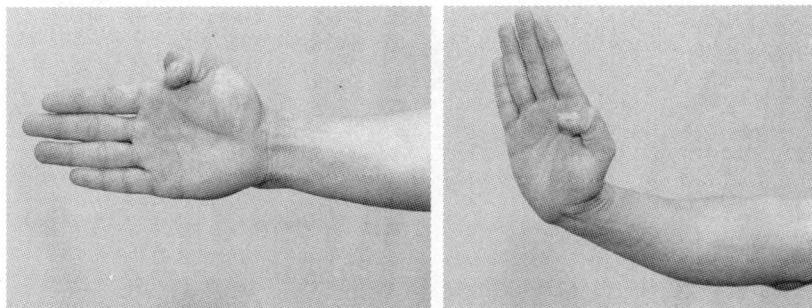

图 3-2　平掌、立掌

要点:插掌时直腕,推掌时坐腕;自然掌形时,拇指展开,四指并拢,虎口撑圆。

(三)勾

(1)五指尖端撮在一起,腕关节弯曲,称之为勾手。如图3-3所示。

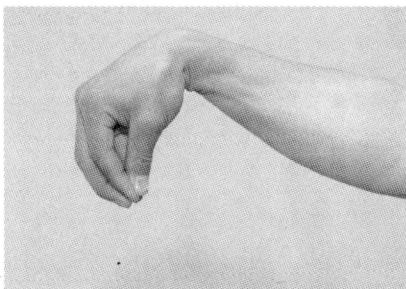

图3-3　勾手

(2)五指并拢,腕关节向小指一侧弯曲,俗称折手。如图3-4所示。

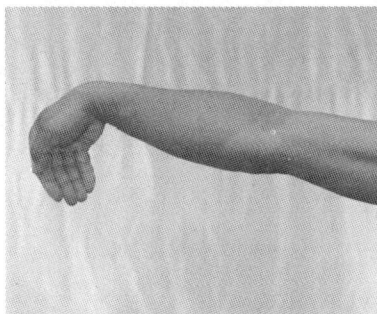

图3-4　折手

(四)爪

食指、中指、无名指和小指并拢,中节指骨和末节指骨向手心弯曲;大拇指卷曲紧扣于虎口处。此手型称之为鹰爪或拉弓手。如图3-5所示。

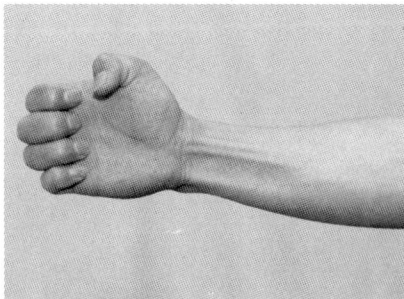

图3-5　爪

(五)刺眉指

食指、中指伸直展开,其他三指卷曲。如图 3-6 所示。

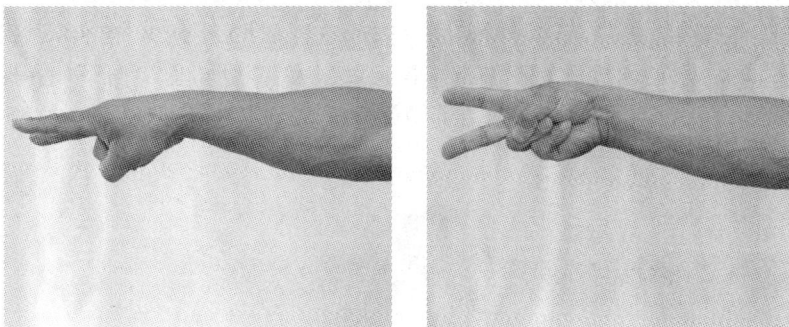

图 3-6　刺眉指

(六)刁手

五指伸直展开,小指、拇指微内扣并相对。如图 3-7 所示。

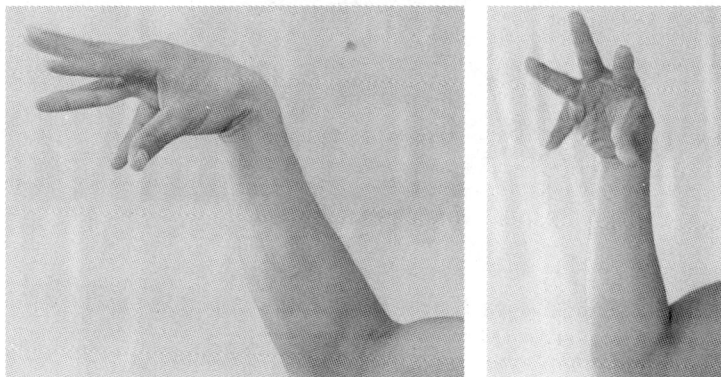

图 3-7　刁手

二、实战姿势

　　实战姿势也称预备姿势、基本姿势。武术内容丰富多彩,各具特色,不同的拳种和类别,有着不同的动作结构、技术要求、运动风格。其基本姿势如形意拳用三体式,南拳用马步,长拳用高虚步,八卦掌用摆扣步等,都具有各自的攻防含意和攻防规律。自古以来,习武者通过久经锻炼,已把各拳种的技术运用于散手格斗中,并发挥优势。广大散手爱好者可以根据自身实际从中选择适合自己的姿势进行锻炼。然而,不管什么样的基本姿势,都应具有两个条件:一是便于进攻;二是便于防守及反击。运动员根据攻防的特点和要求,在瞬息万变的实战中迅速转换步法、变换姿势。拳谚说:"步法是一切动作的先导","手到脚不到,破

敌不得妙;手到脚亦到,方为得玄妙",充分说明了步法的重要性。而本书的实战姿势如下:

两脚前后开立,与肩同宽,左脚在前,重心在两腿之间,两膝微屈,两脚脚掌着地,左脚内扣45°左右,右脚外展45°左右;左臂屈肘大于90°前伸,肘尖向下,左拳与鼻同高,拳心斜朝下;右臂屈肘小于90°,大臂贴肋,肘尖向下,右拳与下颌同高,拳心向左,目视前方。左脚在前为"左实战姿势"(见图3-8),右脚在前为"右实战姿势"。

图 3-8　左实战姿势

要点:

(1)下颌微收,闭嘴合齿,沉肩垂肘,两膝微屈,脚跟微抬,使身体处于蓄势待发或一触即发的"弹性"状态。

(2)侧朝对方,两拳与对方成一线。实战中身体暴露给对方的投影面要小,两臂一上一下紧护头部和躯干的防守面要大。

实战运用:进攻与防守的预备姿势。

三、步型

(一)弓步

左脚向前跨一大步(约三脚半长),左腿屈膝半蹲,脚尖微内扣;右腿挺膝伸直,脚尖内扣,目视前方。弓左腿为左弓步,弓右腿为右弓步。如图3-9所示。

图 3-9 弓步推掌

要点:前腿弓,后腿绷。

实战运用:对方左直冲拳攻击我头部,我下潜躲闪,随即左脚上步,右手从其左腿外侧搂其膝窝,同时左手推其胸或颈部,成左弓步。如图 3-10 所示。

图 3-10 弓步实战用法

(二)马步

两脚开立(约三脚长),脚尖向前,屈膝半蹲,重心落于两腿之间,目视前方。如图 3-11 所示。

图 3-11 马步顶肘

要点:挺胸、直背、塌腰,脚跟外蹬。

实战运用:对方右直冲拳击我头部,我右手从其臂外侧抓采其小臂或腕防拳,随即左脚上步别其右脚,同时用左肘顶击其右肋,成马步,目视对方。如图 3-12 所示。

图 3-12　马步实战用法

(三)独立步

从左实战姿势开始,左腿屈膝提起,右腿伸直支撑体重。右腿支撑为右独立步(见图 3-13),左腿支撑为左独立步。

图 3-13　右独立步

要点:支撑腿微屈,落地生根;提膝适用于防守反击。

实战运用:对方铲腿攻击我小腿,我左腿屈膝提起躲闪,成右独立步。如图 3-14 所示。

图 3-14　独立步实战用法

(四)虚步

两脚前后开立,屈膝半蹲,左脚脚尖点地,重心落于右腿,右脚外展 45°,目视前方。左脚在前为左虚步,右脚在前为右虚步。如图 3-15 所示。

图 3-15　白鹤亮翅

要点:虚实分明,适用于防守反击。

实战运用:对方右正蹬腿攻击我腹部,我向右滑步,重心右移,同时左手向下、向左后方搂其小腿或脚踝内侧防腿,成左虚步。如图 3-16 所示。

图 3-16　虚步实战用法

(五)丁步

从左实战姿势开始,左脚收至右脚内侧,两腿屈膝半蹲,左脚脚尖点地,重心落于右腿,目视前方。左脚尖点地为左丁步,右脚尖点地为右丁步。如图 3-17 所示。

图 3-17　丁步勾手

要点:虚实分明,适用于防守反击。

实战运用:对方右弹腿攻击我裆部,我左脚退步,重心右移,同时左手向下、向左后方搂其小腿或脚踝内侧防腿,成左丁步。如图 3-18 所示。

图 3-18　丁步实战用法

(六)半马步(半弓步)

　　两脚前后开立,与肩同宽,左脚在前,两腿屈膝半蹲,重心稍偏于右腿,左脚内扣 45°左右,右脚外展 45°左右,目视前方。左脚在前为左半马步,右脚在前为右半马步。如图 3-19 所示。

图 3-19　马步靠

　　要点:进攻时重心前移。

　　实战运用:对方右直冲拳击我头部,我右手从其臂外侧抓采其小臂或腕防拳,随即左脚上步别其右脚,同时用左臂靠击其右肋,右掌助推左臂向前挤靠,重心略前移,成半马步。如图 3-20 所示。

图 3-20　半马步实战用法

(七)仆步

两脚左右开立,右腿屈膝全蹲,大小腿靠紧,臀部接近小腿,重心落于右腿;左腿挺直平仆,脚尖里扣,全脚着地。仆左腿为左仆步,仆右腿为右仆步。如图 3-21 所示。

图 3-21　右扫腿

要点:挺胸、塌腰、沉髋。

实战运用:对方左弹腿攻击我裆部,我左手从其腿外侧向左后方搂其小腿或脚踝,随即用右腿扫击其右脚,成右仆步。如图 3-22 所示。

图 3-22　仆步实战用法

第二节　步法与手法

一、步法

(一)前进步

从左实战姿势开始(以下均同),左脚前进一小步,右脚随之前移一小步,上体姿势不变,成实战步,目视前方。如图 3-23 所示。

图 3-23　前进步

要点:

(1)脚步移动时,两脚跟掀起,脚掌擦地前滑,重心平稳,避免起伏摇摆,两手动作不变;右脚蹬地推动左脚前进,右脚快速跟进,右脚跟进的距离与左脚前进的距离相等。

(2)前进步的距离大小根据实战需要而定。拳谚有"前进一丈,后退八尺"之说。

(二)后退步

右脚后退一小步,左脚随之后退一小步,上体姿势不变,成实战步,目视前方。如图 3-24 所示。

图 3-24　后退步

要点:两脚跟掀起,脚掌擦地后滑,重心平稳,避免起伏摇摆;左脚蹬地推动右脚后退,左脚紧跟后退,右脚后退的距离与左脚紧跟的距离相等。

(三)左滑步

左脚向左滑一小步,右脚随之向左滑一小步,上体姿势不变,成实战步,目视前方。如图 3-25 所示。

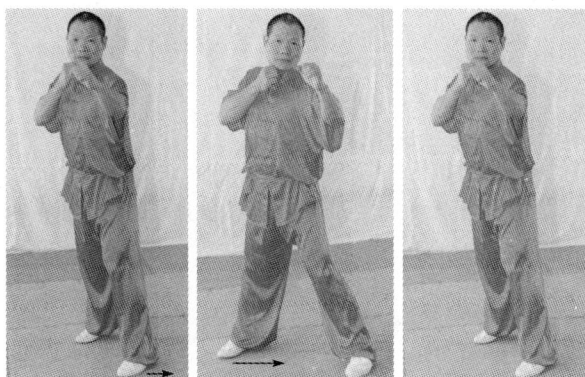

图 3-25　左滑步

要点:两脚掌擦地先后左滑,两脚向左移动的距离相等。

(四)右滑步

右脚向右滑一小步,左脚随之向右滑一小步,上体姿势不变,成实战步。如图 3-26 所示。

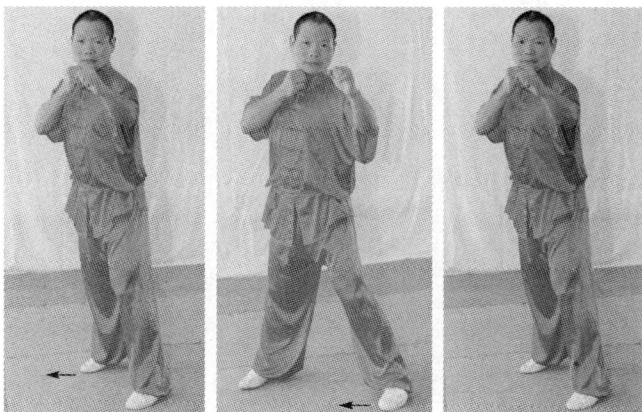

图 3-26   右滑步

(五)左斜步

左脚向左前方(约 45°)斜上一步,右脚不动或随之滑进,重心左移,上体向左躲闪,两手姿势不变,眼看右前方。如图 3-27 所示。

图 3-27   左斜步

要点:

(1)上步与闪身要协调。

(2)斜步多用于防守对方直线型拳、腿的进攻。如对方左直冲拳进攻时,我上右斜步;对方右直冲拳进攻时,我上左斜步,以躲避其攻势,闪向对方攻臂的外侧(或内侧),为反击创造有利条件,使对方攻击困难。

(六)右斜步

右脚向右前方(约 45°)斜上一步,左脚不动或随之滑进,上体向右躲闪,两手姿势不变,眼看左前方。如图 3-28 所示。

图 3-28　右斜步

(七)上步

右脚经左脚内侧向前上一步,同时左、右手臂交换姿势,成右实战姿势。如图 3-29 所示。

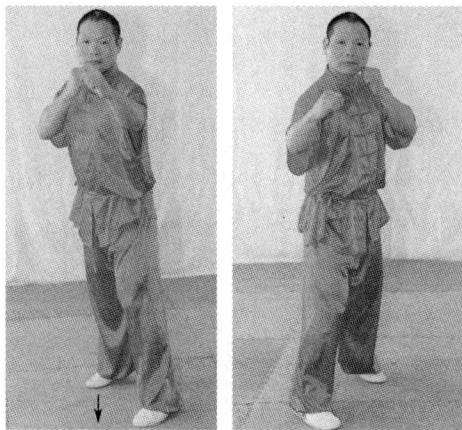

图 3-29　上步

(八)撤步

左脚经右脚内侧向后撤一步,同时左、右手臂交换姿势,成右实战姿势。如图 3-30所示。

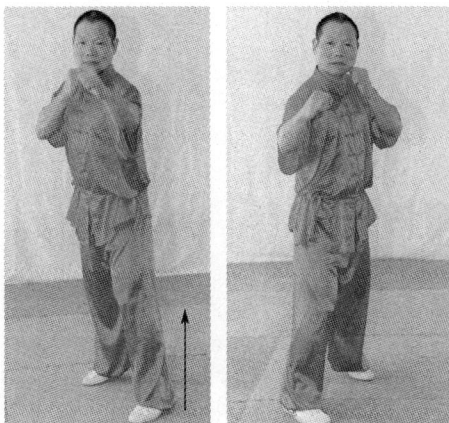

图 3-30　撤步

(九)盖步

右脚向左脚前迈步,脚尖外展,两腿交叉半蹲,重心右移,左脚跟掀起,上体姿势不变,目视前方。如图 3-31 所示。

图 3-31　盖步

要点:上体姿势不变,身体重心平稳。

(十)垫步

1.垫步提膝

右脚上步在左脚内侧着地,同时左脚屈膝提起,重心右移,上体保持实战姿势,目视前方。如图 3-32 所示。

图 3-32　垫步提膝

要点：

(1)右脚蹬地上步要平稳快速,垫步与提膝要协调一致,上体保持正直。

(2)练习时右脚迅速蹬地反弹退回,还原成左实战姿势。

2.垫步前进

右脚上步在左脚内侧着地,同时左脚向前上步,成左实战姿势。反之,左脚退步在右脚内侧着地,同时右脚向后退步,还原成左实战姿势。如图 3-33 所示。

图 3-33　垫步前进

要点：

(1)垫步时右脚蹬地快速上步,不可起伏摇摆。

(2)也可以右脚碰左脚前进,左脚碰右脚后退,称之为击步。

(十一)跃步

右脚向左脚前跨跃一步,上体姿势不变,左脚紧跟向前上一步,还原成左实战姿势。如图 3-34 所示。

图 3-34 跃步

要点:重心平衡,快速跨跃。

(十二)插步

右脚经左脚后侧向左插步,右脚跟掀起,随即右腿蹬直支撑,同时左腿屈膝侧抬,上体稍向右侧倾,两臂保持原来姿势。此动作比较隐蔽,所以又叫"偷步"。如图 3-35 所示。

图 3-35 插步

要点:插步时侧向对方,上体姿势不变;插步后快速提膝,右腿蹬直站立。

(十三)绕环步

左脚经右脚尖向右前方弧形上步,脚尖外展,身体以左脚掌为轴向左转动,带动右脚弧形跟进,成左实战姿势。如图 3-36 所示。

图 3-36　绕环步

(十四)前进反弹步

　　左脚前进一小步,右脚跟进一小步,两脚掌突然停住的刹那,用力蹬地,快速反弹退回,还原成左实战姿势。如图 3-37 所示。

图 3-37　前进反弹步

　　要点:蹬地反弹快速有力,身体重心平稳,避免起伏摇摆。

(十五)后退反弹步

　　右脚后退一小步,左脚跟着后退一小步,两脚掌突然停住的刹那,用力蹬地,快速反弹前进,还原成左实战姿势。如图 3-38 所示。

图 3-38　后退反弹步

(十六) 单腿纵步

一腿屈膝上提,另一腿随即蹬地向前移动。如图 3-39 所示。

图 3-39　单腿纵步

要点:腾空不宜过高,上体正直。

(十七) 双腿纵步

两脚前脚掌同时蹬地使身体向上或向前、后、左、右跃起。如图 3-40 所示。

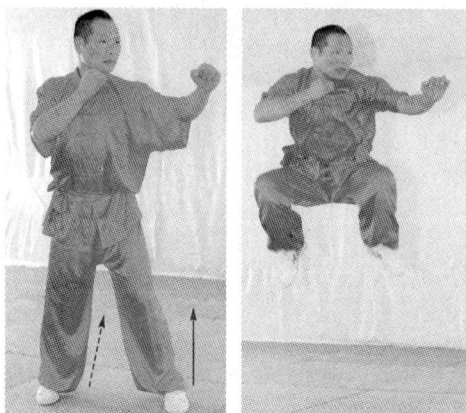

图 3-40　双腿纵步

要点:腾空不宜过高,上体正直。

二、手法

(一)拳法

1.直拳

（1）左直冲拳

从左实战姿势开始,右脚蹬地,脚跟掀起,左脚上步,重心左移,同时左臂由屈到伸并内旋,左拳直线向前冲出,拳心向下,力达拳面,右拳收至下颌右侧,腰向右拧,目视前方。如图 3-41 所示。

图 3-41　左直冲拳

要点:

①直冲拳也叫"先锋拳",主要打击对方的面部,突破对方的防御,为主动进攻

创造条件，如不能打乱对方的防御姿势，要迅速恢复原实战姿势。

②冲拳时前臂内旋，直线加速运动，以肩催臂，由松到紧；不可预摆、掀肘、耸肩、僵硬。收拳时利用弹性回收，由紧到松。

③上步出拳，跟步收拳；一步一拳，快出快收。

④力起于脚，传于腰，发于拳。拳谚说："起手如闪电，电闪不及合眸；起手如迅雷，迅雷不及掩耳。"

（2）右直冲拳

从左实战姿势开始，右脚蹬地并向内扣转，脚跟掀起，重心左移，同时上体左转，右肩前顺，右臂由屈到伸并内旋，右拳直线向前冲出，拳心向下，力达拳面，腰向左拧，左拳收至下颌左侧，目视前方。出拳后迅速还原成左实战姿势。如图 3-42 所示。

图 3-42　右直冲拳

要点：

①右拳前冲与左手后收协调一致，同时拧腰、顺肩、蹬腿。

②右直冲拳动作幅度大、力量大，应在先锋拳突破对方防守之后，或对方因变换位置未站稳时使用。右直冲拳后及时还原成实战姿势。

2.摆拳

（1）左摆拳

从左实战姿势开始，左拳向左前（约 45°）、向前、向右弧形平扫摆击，左大小臂夹角大于 90°，拳心斜向下，拇指关节向下，力达拳面，腰向右拧，左肩前顺，重心左移，右拳收至下颌右侧，目视前方。如图 3-43 所示。

要点：

①出拳时肩臂肌肉放松，击中目标时肩臂肌肉突然紧张，即所谓"蓄势散手，着人成拳"。拳向前走弧形，避免拉臂、预摆、动作幅度过大。

②力从腰发,腰绕纵轴向右转动带动左摆拳出击。

图 3-43　左摆拳

③出拳时小臂微内旋,肘尖微抬但不可翻肘,使肩、肘、腕成水平。

用途:摆拳是侧面进攻的拳法,上盘可打击头部侧面,中盘可打击腰肋部位。

(2)右摆拳

从左实战姿势开始,右脚蹬地并向内扣转,脚跟掀起,上体左转,同时右拳向右前(约 45°)、向前、向左弧形平扫摆击,右大小臂夹角大于 90°,拳心斜向下,拇指关节向下,力达拳面,腰向左拧,右肩前顺,重心左移,左拳收至下颌左侧,目视前方。如图 3-44 所示。

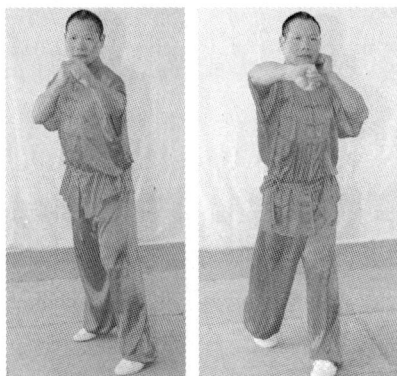

图 3-44　右摆拳

要点:力从腰发,腰绕纵轴向左转动带动右摆拳出击,做到蹬地、拧腰、出拳协调一致。

3.勾拳

(1)左上勾拳

从左实战姿势开始,重心稍下沉,左臂屈肘 90°左右并稍沉肘,左拳借顶髋、转

体之力,由下向前上方出击,拳心向里,力达拳面,重心左移,右拳收至下颌右侧,目
视前方。如图 3-45 所示。

图 3-45　左上勾拳

要点:

①屈臂角度大小应根据双方的距离远近而定。

②发力时由脚及腿及腰,借两脚蹬地、向右拧腰、向上挺髋的力量由下向上振
动,短促有力。

③出拳时前臂外旋,螺旋出拳,大小臂夹角不变;避免大臂后拉、预摆。

用途:近距离攻击对方中、上盘。

(2)右上勾拳

从左实战姿势开始,右脚蹬地并向内扣转,脚跟掀起,上体微左转,同时右臂屈
肘 90°左右并稍沉肘,右拳借顶髋、转体之力,由下向前上方出拳,拳心向里,力达拳
面,重心左移,左拳收至下颌左侧,目视前方。如图 3-46 所示。

图 3-46　右上勾拳

要点:力起于脚,传于腰,发于拳,由下向上,用力顺达。

(3)左平勾拳

从左实战姿势开始,左拳借上体右转之力向右横击,大小臂夹角约 90°,拳心向下,力达拳面,腰向右拧,重心左移,右拳收至下颌右侧,目视前方。如图 3-47 所示。

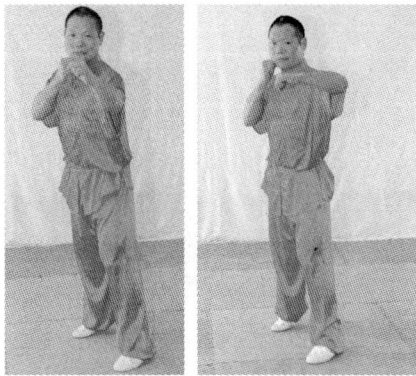

图 3-47　左平勾拳

要点:

①臂屈成半圆形,借助拧腰、转体和蹬腿动作加大拳击力量。

②不可有预摆动作,肩臂肌肉由松到紧,由紧到松。

(4)右平勾拳

从左实战姿势开始,右脚蹬地并向内扣转,脚跟掀起,上体左转,右拳借转体之力向左横击,大小臂夹角约 90°,拳心向下,力达拳面,腰向左拧,重心左移,左拳收至下颌左侧,目视前方。如图 3-48 所示。

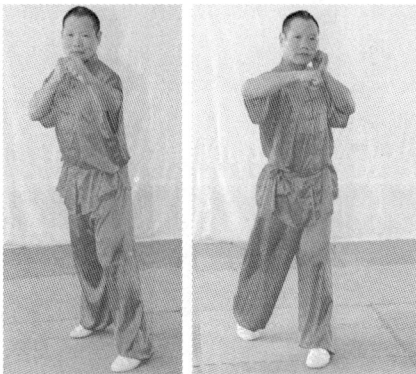

图 3-48　右平勾拳

用途:平勾拳是中距离的重拳,专击对方头侧或肋部,适用于双方距离较近。对方防守姿势有变换时,可先用先锋拳突破其防守,再用左右平勾拳打击,即所谓:不犯招架,只是一下;犯了招架,十下八下。

4.栽拳

(1)从左实战姿势开始,两腿屈膝半蹲,重心下沉,腰向左拧,含胸收腹,同时右拳垂直向下栽拳攻击,力达拳面,拳眼向内,左掌护于下颌右侧。如图3-49所示。

图 3-49　栽拳(1)

要点:重心下沉,顺势栽拳,含胸收腹,发劲完整。

用途:对方攻击我中盘以下部位时,用栽拳反击,如对方弹腿击我裆部,我以栽拳猛击其小腿骨或踝关节。

(2)从左实战姿势开始,我右臂屈肘,肘尖上抬,大小臂夹角90°左右,拳面领先,拳心向内,直腕向前下方攻击,收腹含胸,腰向左拧。如图3-50所示。

图 3-50　栽拳(2)

要点:肘尖上抬,大臂前摆,肘尖划弧,夹角不变,含胸收腹。

用途:攻击颈肩部。

5.弹拳

从左实战姿势开始,左拳以拳背领先借助伸肘弹腕的力量,反臂向前弹击,力达拳背,拳眼向上,重心左移,腰向右拧,右拳收至下颌右侧,目视前方。如图3-51所示。

图 3-51 弹拳

要点:

(1)出拳时甩臂甩腕,放长击远。手臂肌肉放松才能快速弹出,才能以气催力,以肩催肘,以肘催拳,节节贯串,一气贯通。

(2)出拳后利用弹性快速回收。

用途:攻击对方面、胸、腹部。

6.崩拳

从左实战姿势开始,左拳以拳背领先借助伸肘弹腕的力量,反臂向前弹击,小臂外旋,力达拳背,拳心向里,拳面向上,重心左移,腰向右拧,右拳收至下颌右侧,目视前方。如图 3-52 所示。

图 3-52 崩拳

要点:前臂外旋,螺旋出拳,迅猛弹击,弹性收拳。

用途:攻击对方脸部。

7. 鞭拳

(1)左鞭拳

从左实战姿势开始,右脚上步,脚尖内扣,重心右移,两腿屈膝半蹲,含胸收腹,随即右腿蹬直并立腰,以右腿为轴,右脚掌碾地,身体向左后转180°,带动左臂向左后横向鞭打,拳眼向上,力达拳背。如图 3-53 所示。

图 3-53　左鞭拳

要点:转身时支撑腿蹬直,头向上顶,借转体的惯性甩臂、甩拳,加速鞭打,放长击远。

用途:攻击对方侧脸部。

(2)右鞭拳

从左实战姿势开始,右脚经左腿后侧插步,随即身体向右后转180°,带动右臂向右后横向鞭打,拳眼向上,力达拳背,重心右移,左拳收至下颌左侧,目视前方。如图 3-54 所示。

图 3-54　右鞭拳

要点:借助转身的惯性力,加速右小臂鞭打。

用途:攻击对方侧脸部。

8.劈拳

从左实战姿势开始,左脚上步,同时右臂由屈到伸,右拳由上向下或由上向斜下方劈击,拳眼向上或斜向上,力达拳轮,重心左移,左拳收至右下颌处,目视前方。如图 3-55 所示。

图 3-55 劈拳

要点:

(1)力从腰发,用爆发力,臂如铁棒,分量极沉。

(2)出拳时避免抬肘幅度过大,产生预摆动作。

用途:劈击对方头颈、背、拳、腿。

9.盖拳

从左实战姿势开始,左脚上步,同时右拳以拳心领先向前、向下盖击,拳眼向左,力达拳心,重心左移,腰向左拧,左拳收至左下颌处,目视前方。如图 3-56 所示。

图 3-56 盖拳

要点:

(1)大臂前伸,小臂下压,避免抬肘幅度过大,有预摆动作。

(2)力从腰发,肩臂放松,放长击远,用爆发力。

用途：攻击对方面部。

10. 披拳

从左实战姿势开始，上体微右转，左腿屈膝内扣，左脚跟掀起，重心右移，同时左拳经胸、腹由左向右、向下、向左弧形披击，拳眼向里，力达拳轮，肘关节挺直的刹那迅速弹回，目视前方。此拳也叫撩拳。如图3-57所示。

图3-57　披拳

要点：出拳与转体同时完成，肘关节由屈到伸、由伸到屈要有弹劲，迅猛出拳，弹性收拳。

用途：攻击对方中盘，如腹、裆部。此拳比较隐蔽，在崩拳、弹拳等攻击其上盘后，冷不防地用披拳攻击其裆部，效果较好；当对方俯身抱腿时也可用披拳攻击其面部。

11. 插捶

从左实战姿势开始，左脚上步，右脚跟进，身体下蹲，重心左移成跪步，同时右拳向前直线插击，小臂内旋，拳眼向下，力达拳面，上体左转，右肩前顺，左掌收至右下颌处，目视前方。如图3-58所示。

图3-58　插捶

要点：力起于脚，传于腰，发于拳。

用途：攻击对方腹部。

（二）掌法

1. 摔掌

从左实战姿势开始，左脚上步，同时左掌以掌背领先借助伸肘弹腕的力量，向前摔出，掌心向内，掌指向上或向右，力达手指背，腕关节放松，前臂外旋，重心左移，右拳收至右下颌处，目视前方。如图 3-59 所示。

图 3-59　摔掌

要点：甩臂甩腕，放长击远，迅猛弹出，弹性回收，由松到紧，由紧到松，如同一根鞭子冷不防地抽打对方脸部。拳谚说：起手如闪电，电闪不及合眸；起手如迅雷，迅雷不及掩耳。

用途：攻击对方脸部。

2. 拍掌

从左实战姿势开始，左脚上步，同时左掌以掌心领先借助甩臂甩腕的力量向前拍击，掌心向前，掌指向上，力达掌心，重心左移，右拳收至右下颌处，目视前方。如图 3-60 所示。

图 3-60　拍掌

要点:手臂放松,快速拍击,如同一根鞭子冷不防地抽打对方脸部。

用途:既可以攻击对方脸部,也可以阻挡对方手、腿的攻击。

3.推掌

从左实战姿势开始,左脚上步,左腿前弓,左掌前推,力达掌根或掌心,重心左移,腰向右拧,右拳收至左下颌处,目视前方。如图 3-61 所示。

图 3-61 推掌

要点:出掌时蹬地发力,发劲完整,沉腕翘掌。

用途:用于进攻和阻挡。

4.劈掌

从左实战姿势开始,左脚上步,同时右臂由屈到伸,右掌由上向下或由上向斜下方劈击,力达掌外沿,重心左移,左拳收至左下颌处,目视前方。如图 3-62 所示。

图 3-62 劈掌

要点:

(1)力从腰发,用爆发力,臂如铁棒,分量极沉。

(2)抬肘幅度不宜过大,不可抡大臂。

用途:劈打头、颈、拳、腿等。

5.横掌

从左实战姿势开始,左脚上步,左腿前弓,左掌向前横击,掌心向下,力达掌根或掌外沿,重心左移,腰向右拧,右拳收至右下颌处,目视前方。此掌比较隐蔽,也叫掖掌。如图 3-63 所示。

图 3-63　横掌

要点:出掌时蹬地发力,用爆发力。

用途:攻击对方肋部、颈部等。

6.插掌

从左实战姿势开始,左脚上步,同时左掌向前插击,力达指尖,掌心向下,四指并拢,拇指内扣,重心左移,右拳收至右下颌处,目视前方。如图 3-64 所示。

图 3-64　插掌

要点:用爆发力。

用途:用于插击对方软肋、颈部、面部等。

(三)肘法

1. 顶肘

从左实战姿势开始,左脚上步,左腿前弓,重心左移,同时左臂平屈,大小臂夹紧,肘尖领先,向前顶肘,右掌推左拳面助力,腰向左拧,目视前方。肘尖向斜上方称为上顶肘,肘与肩平称为平顶肘,肘尖向斜下方称为下顶肘。如图 3-65 所示。

(a) 预备势   (b) 上顶肘

(c) 平顶肘   (d) 下顶肘

图 3-65 顶肘

要点:借助身体向前的冲力,以爆发力攻击。

用途:

(1)上顶肘攻击上盘,如脸部、下颌、颈部。

(2)平顶肘攻击中盘,如胸、肋部。

(3)下顶肘攻击下盘,如裆、腹部、腿脚。

2. 盖肘

从左实战姿势开始,左脚上步,同时右臂屈肘夹紧,右肘尖掀起,以肩关节为轴,肘关节以小臂一侧由上向前、向下盖砸,含胸收腹,重心左移,腰向左拧,左拳收至左下颌处(或左手抓握右腕下拉助力),目视前方。如图 3-66 所示。

图 3-66　盖肘

要点:借助向左拧腰的力量,迅猛盖砸。

用途:攻击对方面部、颈部。

3.挑肘

从左实战姿势开始,左脚上步,同时左大小臂夹紧,肘尖领先,由下向前上方挑击,力达肘尖和小臂一侧,重心左移,腰向右拧,左肩提起,右拳收至右下颌处,目视前方。此肘法也叫托肘。如图 3-67 所示。

图 3-67　挑肘

要点:以腰催肩,以肩催肘,短促凶猛。

用途:攻击下颌、脸部、胸部、腹部、裆部等。

4.横肘

(1)向前横肘

从左实战姿势开始,左脚上步,同时右臂平屈,大小臂夹紧,以右肘尖及小臂领先从右向前、向左弧形横扫,重心左移,腰向左拧,右肩前顺,左拳收至左下颌处,目视前方。此肘法也叫盘肘。如图 3-68 所示。

图 3-68　向前横肘

要点:借助腰向左拧转的力量横打。

用途:攻击上盘、中盘。

(2)向后横肘

从左实战姿势开始,左脚撤步,身体左转,同时左臂平屈,左大小臂夹紧,以左肘尖及大臂领先向左后方弧形横扫,重心左移,腰向左拧,右拳收至右下颌处,目视左肘。如图 3-69 所示。

图 3-69　向后横肘

要点:借助上体向左转动的力量向后横扫。

用途:攻击对方上盘、中盘。

5. 掀肘

从左实战姿势开始,右脚后退半步,左脚紧跟半步,同时右大小臂夹紧,右肘由下向后上方掀起,力达肘尖,腰向右拧,重心右移,左拳收至左下颌处,目视右肘。如图 3-70 所示。

图 3-70　掀肘

要点:单肘或双肘向后猛顶,发整劲。

用途:攻击下颌、胸、腹、肋。

6.砸肘

(1)向前砸肘

从左实战姿势开始,右大小臂夹紧,小臂垂直,拳面向上,右肘尖领先由上向下猛砸,重心左移,右脚跟掀起,含胸收腹,腰向左拧,目视前方。如图 3-71 所示。

图 3-71　向前砸肘

要点:借助两腿屈膝下蹲、腰向左拧的力量砸肘。

用途:当对方俯身进攻时,砸其后背、后颈、后脑等。

(2)向后砸肘

从左实战姿势开始,右大小臂夹紧,右肘尖领先,弧形由上向后下方砸击,力达肘尖,小臂垂直,拳面向上,腰向右拧,重心右移,左拳收至左下颌处,目视右肘。如图 3-72 所示。

图 3-72 向后砸肘

要点:借助上体向右转动的力量由上向后、向下砸肘。

用途:当对方从身后抱我腰时,我突然向右转身,右肘尖由上向后下方砸击其右颈部;或向左转身,左肘尖由上向后下方砸击其左颈部。

7.抢肘

从左实战姿势开始,左臂平屈,大小臂夹紧,肘尖向前,以肩为轴,左肘尖及小臂领先由左向上、向右、向下顺时针方向抢肘;或左肘尖及大臂领先由右向上、向左、向下逆时针方向抢肘。右手抓握左拳拳背助力,目视前方。如图3-73所示。

图 3-73 抢肘

要点:

(1)以腰催肩,以肩催肘,连防带打。

(2)抢肘时暴露肋部,容易受到攻击,因此要快速还原成实战姿势。

用途:防守对方各种拳法、腿法对我上盘、中盘的进攻。

8.靠肘

(1)左靠肘

从左实战姿势开始,左脚上半步,右腿屈膝半蹲,左腿蹬直,成右弓步;同时左臂屈肘,以肘尖及大小臂由左向右下方靠击,腰向右拧;右手按于左拳背。目视左肘。如图 3-74 所示。

图 3-74　左靠肘(1)

要点:从实战出发,随机应变,靠肘时前臂既可以下屈,也可以上屈。前臂上屈时,肘尖向下,拳心向里,以肘尖及小臂领先由左向右下方靠击。如图 3-75 所示。

图 3-75　左靠肘(2)

用途:

①用于擒拿动作,如右手抓拧对方右手腕,左肘靠击其肘部,使其肘关节受制。

②用于防拳、腿进攻,连防带打。

(2)右靠肘

从左实战姿势开始,右脚上步,两腿屈膝半蹲,成马步;同时右臂屈肘,肘尖向下,拳心向里,以肘尖及小臂领先由右向左下方靠击,腰向左拧。左拳收抱于左腰侧。目视右肘。如图 3-76 所示。

要点:从实战出发,随机应变,靠肘时前臂既可以上屈,也可以下屈;既可以马步,也可以弓步。

图 3-76　右靠肘

用途：

①防守对方各种拳法、腿法对我上、中盘的进攻，连防带打。

②用于擒拿动作，如左手抓拧对方左手腕，右肘靠击其肘部。

第三节　腿法与膝法

一、腿法

1. 丁腿

从左实战姿势开始，右腿由屈到伸经左脚内侧的地面踢出，脚尖勾起，脚跟擦地，借助脚跟与地面的反弹力攻击对方小腿，力达脚掌，同时右插掌出击，左拳护于下颔左侧，目视对方。如图 3-77 所示。

图 3-77　丁腿

要点：

（1）借助脚跟与地面的反弹力踢出；或脚跟不擦地，腿由屈到伸直接以爆发力踢出，力达脚掌。

（2）幅度小、速度快，沿地面隐蔽、快速出击，不可预摆。

用途：攻击小腿骨、膝关节。

2. 铲腿

从左实战姿势开始，重心右移，右腿支撑，左腿稍提膝，脚尖内扣，以脚底外侧领先向前下方铲击，力达脚底外侧，左臂放于身体左侧，右拳护于下颌右侧，目视对方。如图 3-78 所示。

图 3-78　铲腿

要点：左腿由屈到伸，向前下方铲击，快速有力，不可预摆。

用途：攻击对方小腿、膝。

3. 截腿

从左实战姿势开始，重心左移，右腿稍提膝，脚尖上勾并外展，右腿由屈到伸，以右弓内侧领先向前下方截踩，力达脚掌，同时左横掌出击，目视前方。此腿法也叫拦门脚。如图 3-79 所示。

图 3-79　截腿

要点：

(1)右腿由屈到伸向前下方迅猛截踩,而不是直腿前摆。

(2)左横掌与右截腿同时出击,起指上打下、指下打上作用。

用途：

(1)攻击对方膝关节、小腿骨。

(2)拦截、封堵对方各种腿法的进攻。

4.瞟腿

从左实战姿势开始,左脚上半步,脚尖外展,左腿稍屈膝支撑,上体左转约180°,带动右腿稍提膝迅猛由右向左前方弧形扫踢,右膝挺直,脚尖紧勾,力达脚底外侧;右臂随转身置于体侧,左掌收至右下颌处,目视前方。如图 3-80 所示。

图 3-80　瞟腿

要点：

(1)借助转身的力量,右腿由屈到伸向前甩踢,力达脚底外侧。

(2)右腿稍提膝直接出击,不可预摆或幅度过大。

用途：攻击对方膝关节。

5.勾踢腿

(1)擦地勾踢

从左实战姿势开始,左脚尖外展,左腿稍屈膝支撑,右腿由微屈到伸,脚跟擦地由右向左勾踢,脚尖随之向上勾起,力达脚弓内侧,同时右手由左前向右下方摆动,左拳收至左下颌处,腰向右拧,目视前方。如图 3-81 所示。

图 3-81　擦地勾踢

要点：

①勾踢时不可预摆。右腿由微屈到伸，脚跟擦地由右向左勾踢（或沿地勾踢），右膝挺直；支撑腿微屈站稳。

②右手与右脚的动作须协调，脚向左踢，手向右摆，形成合力。

用途：勾踢对方的脚后跟，将其摔倒。

（2）空中勾踢

从左实战姿势开始，左脚尖外展，左腿稍屈膝支撑，右腿由屈到伸，由右向左勾踢，脚尖随之向上勾起，高与膝平，力达脚弓内侧，同时右手由左前向右下方摆动，左掌收至右下颌处，腰向右拧，目视前方。如图 3-82 所示。

图 3-82　空中勾踢

要点：勾踢时不可预摆。右腿由屈到伸，由右向左勾踢，右膝挺直；勾踢后顺势提膝,为防守反击创造条件。

用途:防守反击对方弹腿、蹬腿等攻击;或主动进攻对方小腿、膝弯处。

6.弹腿

从左实战姿势开始,重心左移,左腿支撑,右腿屈膝提起,脚面绷直,迅猛挺膝,向前弹击,力达脚尖。大腿与小腿成直线,高与腰平,目视前方。如图 3-83 所示。

图 3-83　弹腿

要点:

(1)借助提膝的力量,以大腿带动小腿快速弹击,用爆发力。

(2)不是向前摆腿,而是先屈后弹。

用途:攻击裆、腹部。实战中可先用左(右)直冲拳击其面部,诱其防上,然后腿攻其裆。腿踢出后,迅速收回,以防被抱。

7.边腿

边腿也叫横弹踢、侧弹踢、点脚。

从左实战姿势开始(以右边腿为例),左腿支撑身体,上体左转带动右腿屈膝向右侧提起(膝尖内扣,大小腿重叠,脚尖绷直),以大腿带小腿由右向左横弹踢,髋、膝关节充分伸直,力达脚背和踝关节正面。右臂下垂于身体右侧,肘关节弯曲大于90°,左掌收于下颌右侧,右膝挺直的瞬间反弹回收,还原成实战姿势。边腿分为低、中、高边腿。如图 3-84 和图 3-85 所示。

图 3-84　低边腿

图 3-85　高边腿

要点：

(1)上体左转，以腰带腿，膝尖内扣，先屈后伸，弹性出击，反弹回收。

(2)直接出击，不可预摆。

用途：从侧面攻击对方的上盘、中盘和下盘。

8.前蹬腿

从左实战姿势开始(以右蹬腿为例)，重心左移，左腿支撑，右腿提膝，脚尖上勾，猛力挺膝，向前蹬出，力达脚跟，目视前方。蹬腿后迅速落地，还原成实战步。如图 3-86 所示。

图 3-86　前蹬腿

要点:屈膝高抬,力达脚跟。

用途:攻击对方中盘、下盘或上盘。

9.上蹬腿

双方相互靠近或相抱时,我两手抓采其肩臂,顺势后倒,同时右腿屈膝上举,脚底向上,猛力蹬击其腹部,借倒地的惯性力,将其向上、向后摔出。此动作也叫"兔子蹬鹰"。如图 3-87 所示。

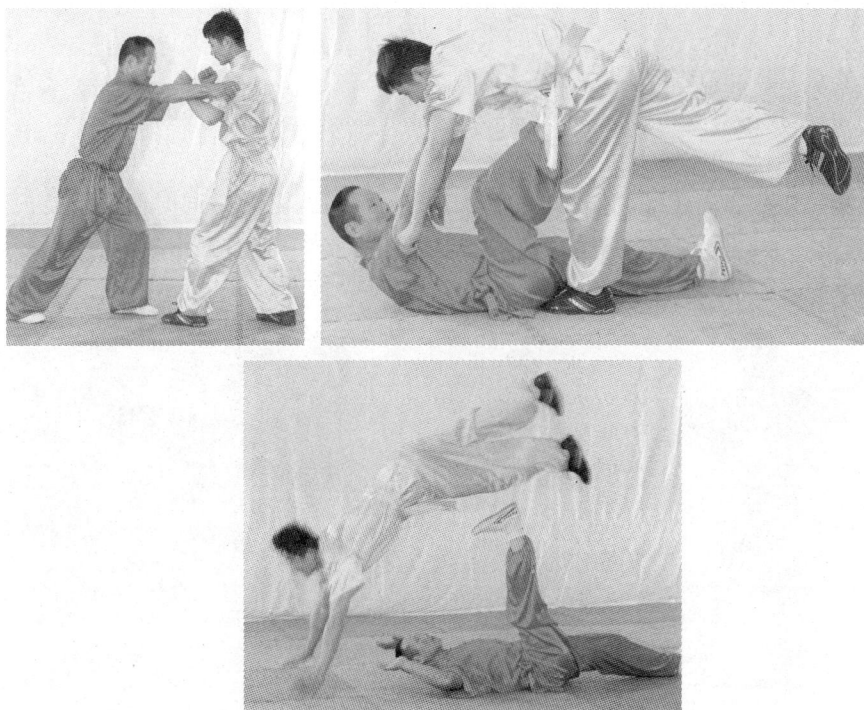

图 3-87　上蹬腿

要点:抓采、后倒、蹬腿协调连贯,快速有力。

用途:主动倒地攻击对方。

10. 后蹬腿

(1)左后蹬腿

从左实战姿势开始,上体向右后转,左脚尖内扣,两腿屈膝成跪步,两手交叉护于胸前(成十字手,左手在外,右手在内),随即右腿直立支撑,左腿由屈到伸,以脚跟领先向后蹬出,力达脚跟,脚尖朝下,上体前俯,目视蹬腿方向。如图 3-88 所示。

图 3-88　左后蹬腿

要点:蹬腿时挺膝展髋。

用途:攻击对方裆腹部等。

(2)右后蹬腿

从左实战姿势开始,上体向右后转 180°,两腿屈膝下蹲,同时两手交叉护于胸前(成十字手,左手在外,右手在内),随即左腿直立支撑,右腿由屈到伸,以脚跟领先向后蹬出,力达脚跟,脚尖朝下,目视蹬腿方向。如图 3-89 所示。

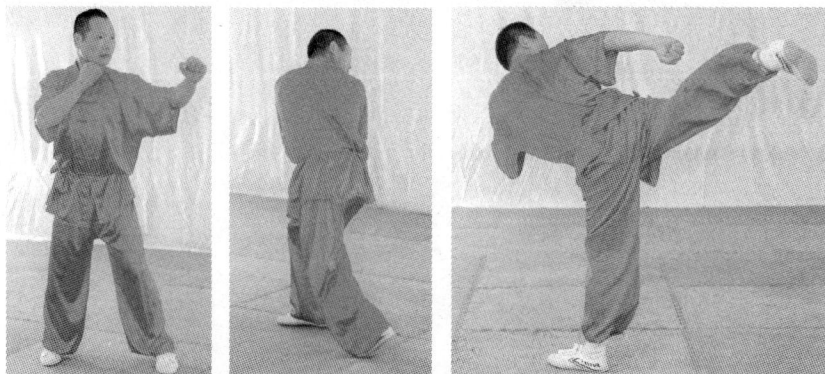

图 3-89　右后蹬腿

要点：向后转身以头领先，蹬腿时挺膝展髋，力从腰发，以气催力。

11.后撩腿

（1）左后撩腿

从左实战姿势开始，上体右转，两腿屈膝下蹲，重心右移，左脚跟掀起，两手胸前交叉成十字手，左手在外，随即右腿支撑，左脚跟领先直腿由下向上撩踢，力达脚跟，同时左手向后上方撩摆，目视对方。如图3-90所示。

图 3-90　左后撩腿

要点：背肌收缩，大腿带小腿，直腿后撩。

用途：攻击对方裆、腹部或小腿骨。

（2）右后撩腿

从左实战姿势开始，上体向右后转180°，两腿屈膝下蹲，两手胸前交叉成十字手，左手在外，随即左腿支撑，右脚跟领先直腿由下向上撩踢，力达脚跟，同时右手向后上方撩摆，目视对方。如图3-91所示。

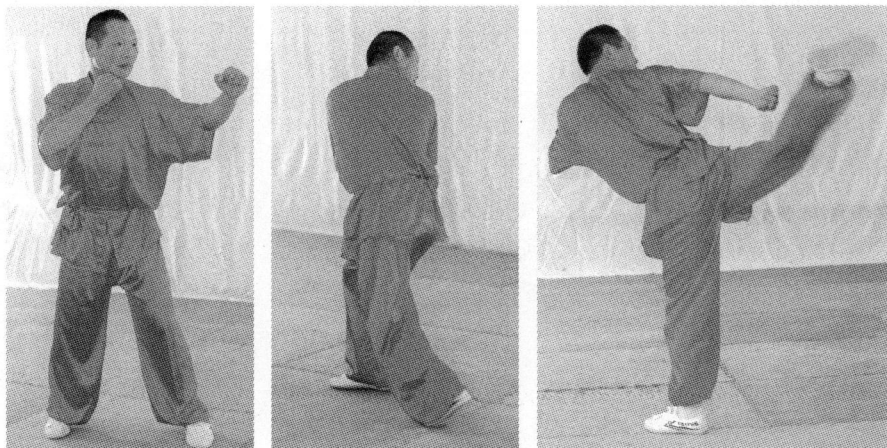

图 3-91　右后撩腿

要点:背肌收缩,大腿带小腿,直腿后撩。

用途:攻击对方裆、腹部或小腿骨。

12.侧踹腿

(1)左侧踹腿

从左实战姿势开始,右腿直立或稍屈支撑,左腿屈膝侧抬,与髋同高,脚尖勾起,脚掌领先迅猛向前踹出,髋、膝关节充分伸直,力达脚掌,上体向右侧倾,目视前方。如图 3-92 所示。

图 3-92 左侧踹腿

要点:

①力起于右脚,由脚及腿及腰,发于左脚。

②展髋、挺膝、上体侧倾。

③直接出击,不可预摆。

用途:攻击对方中、下盘。值得注意的是,腿起越高,身体越倾斜,越容易被对方防守反击。

(2)右侧踹腿

从左实战姿势开始,左腿直立或稍屈支撑,身体左转 180°,同时右腿屈膝侧抬,与髋同高,脚尖勾起,脚掌领先迅猛向前踹出,髋、膝关节充分伸直,力达脚掌,上体向左侧倾,目视前方。如图 3-93 所示。

图 3-93　右侧踹腿

要点：

①力起于左脚，由脚及腿及腰，发于右脚。

②展髋、挺膝、上体侧倾。

③直接出击，不可预摆。

用途：攻击对方中、下盘。

13.横摆踢腿

（1）左横摆踢腿

从左实战姿势开始，右腿支撑，上体微右转并侧倾，带动左腿（收髋、扣膝、直腿）向右前方横摆打腿，脚尖绷直，力达脚背及踝关节正面；左臂随摆腿置于体侧，左拳心向内，右掌收至下颌左侧，目视前方。如图 3-94 所示。

图 3-94　左横摆踢腿

要点：

①借助转体的力量带动摆腿，迅猛发力。

②快速攻击,不可预摆。

用途:攻击对方中盘、上盘。这种腿法速度快、力量大,可以重创对方,但因其弧形横摆,路线长,幅度大,容易被对方防守反击,因此实战中要求动作迅猛,不带预兆。

(2)右横摆踢腿

从左实战姿势开始,左腿支撑,上体左转带动右腿(收髋、扣膝、直腿)向左前方横摆打腿,脚尖绷直,力达脚背及踝关节正面;右臂随摆腿置于体侧,右拳心向内,左掌收至下颌右侧,目视前方。如图 3-95 所示。

图 3-95　右横摆踢腿

要点：　　　·

①借助转体的力量带动摆腿,迅猛发力。

②快速攻击,不可预摆。

用途:攻击头、颈、胸、肋、背部。

14. 转身横扫腿

(1)左转身横扫腿

从左实战姿势开始,右脚向左前方上步,脚尖内扣,右腿支撑,两手胸前十字交叉,左手在外,同时向左后转身 360°,带动左腿向左后方横扫腿,力达脚掌,展髋挺膝,脚尖绷直,上体侧倾。左臂随横扫腿置于体侧,拳心向内,右拳收至下颌左侧,目视对方。如图 3-96 所示。

图 3-96　左转身横扫腿

要点：

①转身时以头领先，借助向后转身的力量带动腿，力达脚掌，快速凶猛。展髋、挺膝，上体侧倾。

②转身、打腿、收腿连贯协调，一气呵成。

用途：攻击头、颈、胸、肋、背部。

（2）右转身横扫腿

从左实战姿势开始，左腿支撑，以左脚掌为轴，身体向右后转身180°，带动右腿向右后方横扫腿，力达脚掌，展髋挺膝，脚尖绷直，上体侧倾。同时两手经胸前十字交叉（左手在外），右臂随横扫腿置于体侧，右拳心向内，左拳收至下颌右侧，目视对方。如图 3-97 所示。

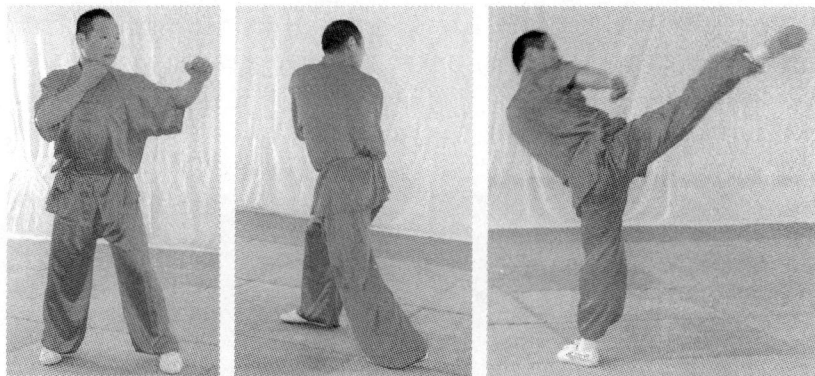

图 3-97　右转身横扫腿

要点：

①转身时以头领先，借助向后转身的力量带动腿，力达脚掌，快速凶猛。展髋、挺膝，上体侧倾。

②转身、扫腿、收腿连贯协调，一气呵成。

用途：攻击中盘、上盘。

15.扫腿

（1）前扫腿

从左实战姿势开始，左腿屈膝全蹲，以左脚掌为轴，借上体向左后拧转的惯性力带动右腿快速向前扫转半周或一周，右腿伸直，脚掌擦地，脚尖内扣，力达小腿下端或脚弓内侧，目视对方。如图3-98所示。

图3-98　前扫腿

要点：既可伏地前扫，也可以直身前扫；借上体向左后拧转的惯性力带动右腿快速向前扫。

用途：横扫对方支撑腿踝关节处。

（2）后扫腿

从左实战姿势开始，左腿屈膝全蹲，以左脚掌为轴，上体迅速向右后拧转并前俯，两手随转体在右腿内侧扶地，以身体转动的惯性力带动右腿快速向后扫转一周，右腿伸直，脚掌擦地，脚尖内扣，力达脚后跟及小腿下端，目视对方。如图3-99所示。

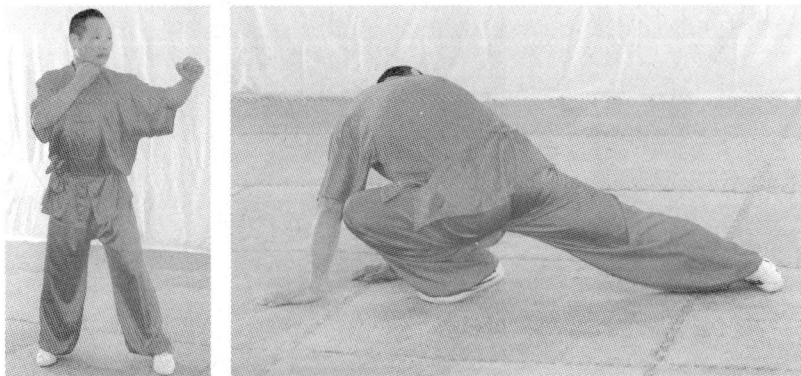

图3-99　后扫腿

要点：

①借助身体转动的惯性力带动右腿加速向后扫；扫腿后迅速起立成实战步。

②转体、俯身、撑地动作协调，一气呵成。

用途：横扫对方支撑腿踝关节处。

16.挂腿

（1）挂腿摔打

从左实战姿势开始，右腿前伸由左前方向右后上方弧形挂击，力达小腿后侧，同时右臂由上向左前下方摆动。腰向左拧，上体左转，目视对方。如图 3-100 所示。

图 3-100　挂腿摔打

用途：对方右摆拳击我头部，我左手从其臂内侧抓采其小臂或肘，随即右脚上步到对方右脚前，右手从其左侧搂抱其腰背，瞬间右小腿由左前方向右后上方挂腿，腰向左拧，上体前俯，将其摔倒。如图 3-101 所示。

图 3-101　挂腿摔打实战用法

要点：右腿向右后上方挂击，右臂向左前方搂抱，腰向左拧，形成合力。力达小腿后侧或脚后跟。

(2)挂腿防踢

从左实战姿势开始,左腿向右前方踹出,小腿迅速回收,向左后方弧形挂击,力达小腿后侧或脚后跟,与髋同高,成脚掌向前的提膝平衡,同时左臂屈肘大于90°放于体左侧,右拳放于下颌右侧,目视前方。如图3-102所示。

图 3-102　挂腿防踢

用途:对方用弹腿、踹腿、蹬腿等进攻时,用挂腿阻拦防守,脚不落地,顺势用侧踹腿攻击其支撑腿内侧。如图3-103所示。

图 3-103　挂腿防踢实战用法

要点:挂腿快速有力。

二、膝法

1. 顶膝

从左实战姿势开始,左脚上步,重心左移,左腿蹬直支撑,右腿屈膝高抬,向前上方顶击,右臂置于体侧,左掌收至下颌右侧,目视前方。如图 3-104 所示。

图 3-104　顶膝

要点:屈膝高抬,猛力向前上方顶击。

用途:攻击对方裆、腹部。

2. 横膝

从左实战姿势开始,左脚上步,脚尖外展,重心左移,左腿蹬直支撑,上体左转带动右腿屈膝侧抬,以膝尖领先由右向左前上方横向顶击,右臂随摆腿置于体侧,左掌收至右下颌处,目视前方。横膝也叫侧顶膝。如图 3-105 所示。

图 3-105　横膝

要点:屈膝侧抬,猛力由右向左前上方顶击,如同边腿的发力和方法。

用途:攻击对方裆、腹、肋等。

第四章　防守及反击技术

　　防守技术是散手攻防技术的重要组成部分,大体分为两类:一是引进与阻挡防守,即通过引进落空或阻挡拦截达到防守目的;二是躲闪防守,即通过身体姿势的变化或位置的移动达到防守目的。其中,引进与阻挡防守,立足于"防一片",防守面要大。如对方右直拳攻击我头部,我右手从其臂外侧由左向右后方抓采其腕或小臂时沉肩垂肘,从左侧到右侧、从头部到腹肋防护一片,这叫"直来横取"。"防一点"时力求准确,如对方直拳出击时,我推掌迎击阻挡防守,但"直来直去",比较难防。躲闪防守要增强灵活性、准确性和协调性。拳谚说:"双手不能离开怀,不怕上下左右来。"习武者要增强防守意识,注重打上防下、打下防上、打左护右、打右护左,反应敏捷,动作准确,整体协调。

　　防守技术,既可以以柔克刚、以刚克柔,也可以以刚克刚、以柔克柔、刚柔相济。拳论上讲:"人刚我柔为之走,人柔我刚为之粘;动急则急应,动缓则缓随;虽变化万千,而理为一贯。"此为刚柔相济技法。准确、巧妙的防守技术既能保护自身,避免被打,减少输分,又能引进落空,借力打人,反击对方。

　　防守反击是一种复合技术,即由防守和进攻技术组合而成的。当遇到性情急躁、缺乏经验、猛打猛冲的对手时,可以以反击战术为主,主动进攻为辅;也可以佯攻诱敌出击,后发先至,为反击战术创造条件。防守是过程,反击是目的。防守反击有顺击、抓击、闪击、退击、堵击等方法;反击的类型有三种:一是"后发制人",就是先防守后反击。如对方左直拳击我头部,我用左手格挡或搂拍防拳后,用拳或腿反击。二是"防中寓攻",就是边防边攻。对方左直拳击我头部,我上体向后躲闪防拳,同时左腿反击其下盘。三是"后发先至",就是等对方先动手,在对方击中目标之前实施反击。如对方右摆拳击我头部,我以左直拳击其面部;对方以转身横扫腿攻击时,待其背对我时,我迅速以左蹬腿击其背部或臀部,这叫"横来直破"。本书主要介绍引进与阻挡防守、躲闪防守和防守反击技术。

第一节　引进与阻挡防守技术

一、搂拍

1.左右搂拍

（1）从左实战姿势开始，对方左直冲拳攻击我头部，我右臂屈肘，肘尖向下，右手从其臂外侧由右向左斜下方搂拍其小臂或拳，力达掌心，目视前方。如图 4-1 所示。

图 4-1　左右搂拍（1）

要点：

①搂拍时右手五指并拢自然弯曲，直腕，向左斜下方搂拍，引进落空。

②搂拍时大臂注意护肋，右小臂尽量垂直，立足于"防一片"，防守面要大，动作幅度要小。

用途：防守直拳、边腿、踹腿等对上盘的进攻。

（2）从左实战姿势开始，对方用左边腿或左横摆踢腿攻击我右肋，我左臂屈肘，肘尖向下，左手由左向右斜下方搂拍其小腿或脚背，目视前方。如图 4-2 所示。

图 4-2　左右搂拍(2)

要点:左手向右斜下方拍,引劲落空。

2.向下搂拍

从左实战姿势开始,对方用左、右上勾拳或直拳等进攻,我左臂屈肘,肘尖向下,左手内旋由上向下搂拍其小臂或拳,力达掌心,目视前方。如图 4-3 所示。

图 4-3　向下搂拍

要点:五指并拢,屈掌扣腕,肘尖向下,大臂护肋。
用途:防守对方的拳、腿对中盘、上盘的进攻。

3.向后搂拍

(1)从左实战姿势开始,对方以右蹬腿、踹腿等攻击我腹部,我右斜步,同时左手向下、向左后方搂拍其小腿或踝关节处,力达掌心。如图 4-4 所示。

图 4-4　向后搂拍(1)

要点:左臂屈肘,左手向下、向斜后方搂拍,引化冲力。

用途:防守直线型腿法及手法对中、下盘的攻击。

(2)从左实战姿势开始,对方以右蹬腿、踹腿等攻击我腹部,我左斜步,同时右手向下、向右后方搂拍其小腿或踝关节处,力达掌心。如图 4-5 所示。

图 4-5　向后搂拍(2)

二、挂挡

1.上挂挡

从左实战姿势开始,对方右摆拳或左鞭拳攻击我头部左侧,我左臂从前向后屈臂回带,沿着其臂挂防其拳,拳心向右,拳眼向后,力达左小臂和拳背,右拳护于下颌右侧。如图 4-6 所示。

图 4-6　上挂挡

要点:大臂不动,肘尖向下,前臂向上、向后回带。

用途:防守对方手、腿对我上盘的进攻,如摆拳、直拳、弹拳、鞭拳、边腿等。

2.下挂挡

(1)里挂

从左实战姿势开始,对方以右侧踹或蹬腿攻击我腹部,我向左滑步躲闪,同时左拳由上向下、向右斜下方挂防其腿,左臂微屈,小臂内旋,肘尖向后,拳心向内,拳面向下,腰向右拧,右拳在下颌右侧,目视对方。如图 4-7 所示。

图 4-7　里挂

　　要点：左臂微屈，小臂内旋，以桡骨一侧挂防，引进落空；避免直臂前摆，幅度过大。

　　用途：防守各种腿法对中盘的攻击。

　　（2）外挂

　　从左实战姿势开始，对方以右边腿、摆腿、蹬腿、踹腿等攻击我肋腹部，我向右斜步躲闪，重心右移，同时左拳由上向下、向左后方挂防其腿，左臂微屈，肘尖向后，拳心向内，拳面向下，腰向左拧，右拳在下颌右侧，目视对方。如图 4-8 所示。

图 4-8　外挂

　　要点：左臂微屈，肘尖向后，向左后斜挂防腿，引化其力；避免肘尖向外，直臂向外横拦。

三、格挡

　　1.单手格挡

　　（1）从左实战姿势开始，对方右直冲拳进攻，我左臂屈肘，拳心向内，拳面向上，小臂从其臂外侧由外向内、由左向右斜后方格挡其小臂或拳,力达前臂尺骨侧或腕,腰向右拧,目视前方。如图 4-9 所示。

图 4-9　单手格挡(1)

要点:

①向斜后方格挡,引进落空。

②大臂注意护肋,左小臂尽量垂直,立足于"防一片",防守面要大,动作幅度要小。

用途:防守各种拳法、腿法对上盘的进攻。

(2)从左实战姿势开始,对方右直冲拳进攻,我左臂屈肘,小臂外旋,拳心向内,拳面向上,从其臂内侧由内向外、由右向左斜后方格挡其小臂或拳,力达前臂桡骨侧或腕,腰向左拧,目视前方。如图 4-10 所示。

图 4-10　单手格挡(2)

用途:防直线型拳法、腿法及横向腿法对上盘的进攻。

2.双手格挡

从左实战姿势开始,对方以右边腿或摆腿攻击我左肋,我两臂屈肘于胸前,肘尖向下,两手握拳(或两拳变掌),拳(或掌)心相对,以拳轮(或掌外沿)领先向左后方格挡其小腿或脚背,力达拳轮(或掌外沿)或小臂尺骨一侧,腰向左拧。双手向右格挡,动作相同,左右相反。如图 4-11 所示。

图 4-11　双手格挡

要点:格挡时借助向左拧腰的力量。

用途:防守横向、纵向腿法的进攻。

四、上架

从左实战姿势开始,对方右栽拳或劈拳、崩拳、直拳、摔掌等攻击我头部,我左臂屈肘,小臂内旋上架于左额前上方,拳眼斜向下,拳心向外,力点在小臂尺骨一侧或腕,含胸收颌,目视对方。如图 4-12 所示。

图 4-12　上架

要点:小臂边滚动边上架,斜架于头的前上方;动作幅度要小,防守面要大。

用途:防守对方各种拳法、掌法对上盘的攻击。

五、臂阻挡

1. 左臂阻挡

(1)侧面阻挡

从左实战姿势开始,对方用右边腿攻击我左肋部,我左臂屈肘小于 90°,大小臂紧贴左胸、肋、腹部,肘尖向下,拳贴胸前,拳眼斜向上,以大小臂阻挡腿攻击,腰向左拧,重心左移,含胸收腹,右拳护于下颌右侧,目视前方。如图 4-13 所示。

图 4-13　侧面阻挡(左臂)

要点:阻挡时发劲完整,结合呼气。

用途:防守各种拳法、腿法对左侧胸、腹、肋的攻击。

(2)正面阻挡

从左实战姿势开始,对方用右蹬腿攻击我胸腹,我两脚蹬地,重心前移,同时左臂屈肘小于 90°,大小臂紧贴左胸、肋、腹部,肘尖向下,以大小臂阻挡腿攻击,腰微左拧,含胸收腹,右拳护于下颌右侧,目视前方。如图 4-14 所示。

图 4-14　正面阻挡(左臂)

要点:阻挡时重心下沉,发劲完整。

用途:防守各种拳法、腿法从正面对胸、腹、肋的攻击。

(3)砸肘阻挡

从左实战姿势开始,对方用右蹬腿攻击我胸、腹、肋部,我左臂屈肘,肘尖下垂,以肘尖领先迅猛下砸其脚或小腿,腰向右拧,重心右移,含胸收腹,右拳护于下颌右侧,目视前方。如图 4-15 所示。

图 4-15　砸肘阻挡(左臂)

要点:以腰催肘,结合呼气。

用途:防守各种拳法、腿法对胸、腹、肋的攻击。

2.右臂阻挡

(1)侧面阻挡

从左实战姿势开始,对方用左边腿攻击我右肋部,我右臂屈肘小于 90°,大小臂紧贴右胸、肋、腹部,肘尖向下,拳贴胸前,拳眼斜向上,以大小臂阻挡腿攻击,腰向右拧,重心右移,含胸收腹,左拳护于下颌左侧,目视前方。如图 4-16 所示。

图 4-16　侧面阻挡(右臂)

要点:阻挡时发劲完整,结合呼气。

用途:防守各种拳法、腿法对右侧胸、腹、肋的攻击。

(2)砸肘阻挡

从左实战姿势开始,对方用左上勾拳攻击我下颌或胸、腹、肋部,我右臂屈肘,肘尖下垂,以肘尖领先迅猛下砸其拳或小臂,腰向左拧,重心左移,含胸收腹,左拳护于下颌左侧,目视前方。如图 4-17 所示。

图 4-17 砸肘阻挡(右臂)

要点:阻挡时发劲完整,结合呼气。

六、小臂截砸

(1)从左实战姿势开始,对方用右弹腿攻击我裆、腹部,我左脚迅速退步,脚尖点地,重心右移,成左丁步,同时左臂屈肘,拳心向内,拳眼向上,用左小臂由上向下砸其小腿或脚背,力点在小臂尺骨一侧或腕,腰向右拧,目视对方。如图 4-18 所示。

图 4-18

要点：退步、下砸、拧腰协调一致。

用途：防守弹腿、蹬腿、撩腿、上勾拳、掖拳、插捶等拳法和腿法对中、下盘的攻击。

（2）从左实战姿势开始，对方用左弹腿或蹬腿攻击我裆、腹部，我重心下沉，腰向左拧，重心左移，右膝内扣，右脚跟掀起，同时右臂屈肘，拳眼向上，拳心向内，用右小臂由上向下砸其小腿或脚背，力点在小臂尺骨一侧或腕，目视对方。如图 4-19 所示。

图 4-19

要点：拧腰、扣膝、右臂截砸协调一致。

用途：防守各种拳法和腿法对中、下盘的攻击。

七、抄腿

1. 里抄

从左实战姿势开始，对方以右蹬腿攻击我胸、腹部，我左脚向左滑步，右脚随之左滑，避其冲力，同时左臂屈肘，紧贴腹前，小臂外旋，掌心向上，左手由左向右上方弧形抄起对方小腿或踝关节后侧；右拳护于下颌右侧，腰向右拧，目视对方。如图 4-20 所示。

图 4-20　里抄

要点:抄腿时屈肘、扣腕、五指并拢,左手由左向右上方抄起。

用途:防守各种腿法对中、上盘的攻击,如左边腿、摆腿、蹬腿、弹腿等。

2.外抄

从左实战姿势开始,对方以右边腿、摆腿等攻击我左肋,我左臂屈肘,上臂贴肋,小臂外旋,左手由右向左上方弧形抄起对方小腿;右臂屈肘,右掌贴于左胸前,掌指向上,掌心向左,腰向左拧,目视对方。如图 4-21 所示。

图 4-21　外抄

要点:抄腿时以向左拧腰带动左手外抄;连接抱腿时右手心向下,与左手合抱其腿。

用途:防守各种腿法对中、上盘的攻击,如左边腿、摆腿、蹬腿、弹腿等。

八、十字手

1.向左十字手

从左实战姿势开始,对方用右边腿、摆腿、里合腿等攻击我左侧,我右臂屈肘,小臂外旋,拳心向内,拳面向上,由右向左格挡;同时左臂微屈肘内旋,拳面向下,拳心向内,由右向左格挡,两臂交叉成十字防腿,腰向左拧,重心左移,目视对方。如图 4-22 所示。

图 4-22　向左十字手

要点：右臂屈肘外旋，左臂微屈肘内旋，两臂交叉，腰向左拧，形成整劲。

用途：防守边腿、摆腿、里合腿等横向腿法的进攻。

2.向右十字手

从左实战姿势开始，对方用左边腿、摆腿、里合腿等攻击我右侧，我右臂屈肘下沉，小臂外旋，右拳向右格挡，拳面向上，拳心向内；同时左臂微屈，左拳由上向下、向右后方挂挡，肘尖向前，拳心向内，拳面向下，两臂交叉成十字防腿，腰向右拧，重心右移，目视对方。如图 4-23 所示。

图 4-23　向右十字手

要点:拧腰与两臂交叉防腿协调一致。

用途:防守边腿、摆腿、里合腿等横向腿法的进攻。

3.向下十字手

从左实战姿势开始,对方用右蹬腿或弹腿攻击我腹、裆部,我腰向左拧,重心下沉,两臂向下交叉成十字手防腿,右拳在上,左拳在下,两拳心向后,拳眼向上,目视对方。如图4-24所示。

图 4-24　向下十字手

要点:两臂向下交叉成十字手防腿,含胸收腹。

用途:防守对方蹬腿、弹腿等对裆、腹部的进攻。

4.向上十字手

从左实战姿势开始,对方用左劈拳、盖拳、崩拳攻击我头部,我两臂屈肘,两拳经脸前向上交叉成十字手防拳,高与头平,左前臂在外,右前臂在内,拳眼向后,目视前方。如图4-25所示。

图 4-25　向上十字手

要点:上架时注意沉肩垂肘,防止胸肋暴露被击;两手可由拳变掌,以便及时抓采对方。

用途:防守各种手法、腿法对头部的进攻。

九、提膝阻挡

1.提膝里合

从左实战姿势开始,对方用左弹腿攻击我裆部或左边腿攻击我右肋,我重心后移,右腿支撑,左腿屈膝上提,并向右里合,以左膝及小腿内侧向右格挡防腿,目视对方。左、右提膝里合动作相同,方向相反。如图 4-26 所示。

图 4-26　提膝阻挡

要点:左膝高提并迅速向右格挡。

用途:防守各种腿法对中、下盘的进攻。

2.提膝外摆

从左实战姿势开始,对方用右边腿攻击我左肋,我重心后移,右腿支撑,左腿屈膝上提,并向右外摆,以左膝及小腿外侧向左格挡防腿,目视对方,如图 4-27 所示。左、右提膝外摆动作相同,方向相反。

图 4-27　提膝外摆

要点：左膝高提并迅速向左格挡。

用途：防守各种腿法对中、下盘的进攻。

十、推掌阻挡

1.单推掌阻挡

（1）从左实战姿势开始，对方以右摆拳击我头部左侧，我左手掌前推迎击，阻挡其肘或小臂。如图 4-28 所示。

图 4-28　单推掌阻挡（1）

（2）从左实战姿势开始，对方以左直冲拳击我脸部，我右手掌前推在脸前迎击，阻挡其拳。如图 4-29 所示。

图 4-29　单推掌阻挡（2）

要点：迎击距离短、速度快、目标准。

用途：防守各种拳法、腿法对中、上盘的进攻。

2.双推掌阻挡

（1）从左实战姿势开始，对方上步准备抱我双腿或单腿时，我两掌猛推其两肩。

如图 4-30 所示。

图 4-30　双推掌阻挡(1)

　　(2)从左实战姿势开始,对方上步用两手搂抱我颈部准备顶膝时,我两掌猛推其两胯。如图 4-31 所示。

图 4-31　双推掌阻挡(2)

　　要点:推掌时重心前移,发劲完整,含胸收腹。

十一、抬肩阻挡

　　从左实战姿势开始,对方用右直冲拳击我脸部,我迅速抬左肩阻挡其拳,腰向右拧,含胸缩颈,左臂屈紧,注意护肋,目视前方。如图 4-32 所示。

图 4-32　抬肩阻挡

要点:抬肩阻挡时,以肩臂紧张提高抗击能力,以含胸缩颈缩小暴露面。

用途:防守各拳法对头、颈部的攻击。

十二、抓采

从左实战姿势开始,对方以右直冲拳击我头部,我左斜步,同时右臂内旋、掌心向外,虎口向前,从其臂外侧抓采其小臂或腕,左拳护于下颌左侧,目视对方。如图 4-33所示。

图 4-33　抓采

要点:引进落空,以柔克刚,蓄而后发。

用途:防直拳攻击。

十三、勾手、折手

1.右勾手

从左实战姿势开始,对方以左直冲拳等击我头部,我用右勾手从其左腕或小臂外侧向上、向下、向右弧形勾手防拳,左拳护于下颌左侧,目视对方。如图 4-34 所示。折手与勾手用法相同。

图 4-34 右勾手

要点：以腕为轴,勾手擒拿。

用途：防守各种拳、腿对上盘、中盘的攻击。

2.左勾手

从左实战姿势开始,对方以右边腿攻击我左大腿外侧,我左脚退步,重心右移成左丁步,同时左手向下、向左后方勾住其小腿或踝关节处,右掌护于下颌左侧,目视对方。如图 4-35 所示。折手与勾手用法相同。

图 4-35 左勾手

要点：快速下勾,目标准确,撤步、勾手协调一致。

用途：防边腿、蹬腿、弹腿等对中、下盘的攻击。

十四、挑掌

从左实战姿势开始,对方右直冲拳进攻,我左掌掌背领先从其臂内侧由右向左后方上挑其小臂或腕,成左立掌,力达腕部(掌背侧),掌指向上,掌心向右,腰向左拧。目视前方。如图 3-36 所示。

图 4-36　挑掌

用途:防守各种拳法、腿法对上盘的进攻。

第二节　躲闪防守技术

一、后躲闪

1.退步躲闪

从左实战姿势开始,对方以瞟腿、截腿、铲腿、勾踢腿、丁腿等攻击时,我左脚快速后退,收至右脚内侧(或右脚后退一小步,左脚紧跟后退一小步),脚尖点地,重心右移,上体正直,成左丁步,目视前方。如图 4-37 所示。

图 4-37　退步躲闪

要点：实战中快速退步躲闪，快速上步反击。

用途：躲闪各种拳腿的攻击。

2.撤肩躲闪

从左实战姿势开始，对方用右直冲拳攻击我左胸，我上体左转并稍后闪，左肩后撤防拳，重心右移，或左肩后撤同时右手反击，目视前方，如图 4-38 所示。右肩后撤动作相同，方向相反。

图 4-38 撤肩躲闪

要点：实战中快速撤肩，乘机反击。

用途：躲闪对上盘的攻击。

3.上体后闪

从左实战姿势开始，对方左直冲拳攻击我脸时，我上体后闪防守，重心右移，同时用左丁腿攻击其左小腿，目视前方。如图 4-39 所示。

图 4-39　上体后闪

要点:后闪突然,重心后移,上体正直,下颌紧收,含胸收腹。

用途:防守对上、中盘的攻击。

4. 提膝躲闪

从左实战姿势开始,对方以扫腿、截腿、铲腿、勾踢等低腿攻击时,我重心迅速右移,左腿屈膝高抬,避腿防守,急速蹬腿或侧端腿反击,目视前方。如图 4-40 所示。

图 4-40　提膝躲闪

要点:提膝快,出腿猛。

用途:防守对下盘的进攻。

二、侧躲闪

1.左躲闪

从左实战姿势开始,对方右直冲拳攻击我头部,我左脚向左前方(约 45°)上步,右脚跟滑,重心左移,上体向左躲闪,随即以右弹腿攻击其裆部,目视对方。如图 4-41所示。

图 4-41　左躲闪

要点:上步快速,躲闪灵活。

用途:防守直线型拳、腿对上盘的攻击。如左右直冲拳,左右踹腿等。

反击实例:

(1)从左实战姿势开始,对方右直冲拳攻击我头部,我快速左躲闪,随即右侧踹腿攻击其右肋。如图 4-42 所示。

图 4-42　左躲闪实例(1)

(2)从左实战姿势开始,对方右直冲拳攻击我头部,我快速左躲闪,同时右直冲拳攻击其右肋,随即右横摆踢腿或右边腿攻击其腹肋部。如图4-43所示。

图4-43　左躲闪实例(2)

(3)从左实战姿势开始,对方左侧踹腿攻击我腹部,我快速左躲闪,随即右侧踹腿攻击其胸腹。如图4-44所示。

图4-44　左躲闪实例(3)

2.右躲闪

从左实战姿势开始,对方左直冲拳攻击我头部,我右脚向右前方(约45°)上步,左脚跟滑,重心右移。上体向右躲闪,随即以左侧踹腿攻击其左肋,目视对方。如图4-45所示。

图 4-45　右躲闪

要点：上步快速，躲闪灵活。

用途：防守直线型拳、腿对上盘的攻击。如左右直冲拳、左右踹腿等。

反击实例：

（1）从左实战姿势开始，对方左直冲拳攻击我头部，我快速右躲闪，随即左脚上步，用左摆拳攻击其面部。如图4-46所示。

图 4-46　右躲闪实例（1）

(2)从左实战姿势开始,对方左直冲拳攻击我头部,我快速右躲闪,随即左弹腿攻击其裆部。如图 4-47 所示。

图 4-47　右躲闪实例(2)

三、下躲闪(也叫下潜)

从左实战姿势开始,对方左直冲拳、摆拳、踹腿、摆腿等攻击上盘时,我两腿屈膝下蹲,重心下降,同时含胸收腹,下颌微收,向下躲闪。右掌护于左下颌处,右肘关节弯曲小于 90°;左拳护于体前,左肘关节弯曲大于 90°,目视前方。如图 4-48 所示。

图 4-48　下躲闪

要点:屈膝下蹲,重心下沉,含胸收腹,下颌微收,下潜灵活,反击迅猛。

用途:躲闪对上盘的攻击。

反击实例:

(1)从左实战姿势开始,对方以左直冲拳击我头部,我快速下潜躲闪,同时以左直冲拳攻击其腹部。如图 4-49 所示。

图 4-49　下躲闪实例(1)

（2）从左实战姿势开始，对方左摆拳攻击我头部，我快速下潜躲闪，随即右脚向右前方上步，左脚紧跟，以左上勾拳攻击其腹部，接右摆拳击其头部，左手护于下颌左侧，目视对方。如图 4-50 所示。

图 4-50　下躲闪实例(2)

要点：上步快速，躲闪灵活。

（3）从左实战姿势开始，对方右摆腿攻击我头部，我快速下潜躲闪，乘对方右脚落地未站稳之机，我急以左侧踹腿攻击其肋、腹部。如图 4-51 所示。

图 4-51　下躲闪实例（3）

　　（4）从左实战姿势开始，对方右摆拳攻击我头部，我快速下潜躲闪，随即右勾踢腿攻击其左踝关节处。如图 4-52 所示。

图 4-52　下躲闪实例（4）

　　（5）从左实战姿势开始，对方右摆拳攻击我头部，我下潜躲闪，左脚向左前方上步，同时右上勾拳攻击其腹部，随即起身以左摆拳击其头部，右手护于下颌右侧，目视对方。如图 4-53 所示。

图 4-53　下躲闪实例（5）

(6)从左实战姿势开始,对方右侧踹腿攻击我头部,我快速下潜躲闪,随即右腿以前扫腿击其支撑腿脚踝。如图 4-54 所示。

图 4-54　下躲闪实例(6)

(7)从左实战姿势开始,对方右侧踹腿攻击我头部,我快速下潜躲闪,随即右腿以后扫腿击其支撑腿脚踝。如图 4-55 所示。

图 4-55　下躲闪实例(7)

第三节　防守反击技术

一、防手手反击技术

1.防直拳——搂拍(或勾手、折手)——手反击

(1)对方以左直冲拳击我头部,我右手向下搂拍防拳,随即左脚上步,用左直冲拳或

左摆拳、左崩拳、左摔掌、左拍手、左上勾拳、左盖拳、左插掌等反击。如图 4-56 所示。

图 4-56　防直拳——搂拍或勾手、折手——手反击(1)

(2)对方以左直冲拳击我头部,我右手向下搂拍防拳,随即右脚上步,用右摆拳反击其头部。如图 4-57 所示。

图 4-57　防直拳——搂拍——手反击(2)

(3)对方以左直冲拳击我头部,我右手向下搂拍防拳,随即左脚上步,用右栽拳反击其左颈部。如图 4-58 所示。

图 4-58　防直拳——搂拍——手反击(3)

(4)对方以左直冲拳击我头部,我左手由左向右斜下方搂拍防拳,随即左脚上步,用左弹拳反击其面部左侧。如图 4-59 所示。

图 4-59　防直拳——搂拍——手反击(4)

(5)对方以直冲拳击我头部,我左手由左向右斜下方搂拍防拳,随即左脚上步,用左摔掌或左崩拳反击其面部。如图 4-60 所示。

图 4-60　防直拳——搂拍——手反击(5)

(6)对方以左直冲拳击我头部,我左手由左向右斜下方搂拍防拳,随即左脚上步,左腿内旋,脚跟掀起,上体右转,同时用左掖拳反击其裆部。如图 4-61 所示。

图 4-61　防直拳——搂拍——手反击(6)

(7)对方以左直冲拳击我头部,我左手由左向右斜下方搂拍防拳,随即以左腿为轴,向右后转身180°,用右鞭拳反击其面部右侧。如图4-62所示。

图4-62 防直拳——搂拍——手反击(7)

(8)对方以左直冲拳击我头部,我右手由右向左斜下方搂拍防拳,同时右脚上步,随即以右腿为轴,向左后转身180°,用左鞭拳反击其面部左侧。如图4-63所示。

图4-63 防直拳——搂拍——手反击(8)

(9)对方以左直冲拳击我头部,我右手由右向左斜下方搂拍防拳,随即右脚上步,用右弹拳反击其面部右侧。如图4-64所示。

图4-64 防直拳——搂拍——手反击(9)

(10)对方以左直冲拳击我头部,我右手由右向左斜下方搂拍防拳,随即右脚上步,用左插捶反击其腹部。如图4-65所示。

图4-65 防直拳——搂拍——手反击(10)

(11)对方右直拳攻击我面部,我左脚上步,别其右脚,同时两手从其臂外侧由左向右斜下方勾手(或折手)防拳;随即两拳下垂,拳面向下,以拳面领先向前撞击其腹裆部。如图4-66所示。

图4-66 防直拳——勾手或折手——手反击(11)

(12)对方右直拳攻击我面部,我左闪步,同时两手从其臂外侧由左向右斜下方勾手(或折手)防拳;随即上面以左崩拳攻击面部,下面以右弹拳击其腹裆部。如图4-67所示。

图 4-67　防直拳——勾手或折手——手反击(12)

(13)对方右直拳击我面部,我左闪步,同时右手从其右臂外侧由左向右后方勾手引进;随即左直拳击其右肋部。如图 4-68 所示。

图 4-68　防直拳——勾手——手反击(13)

(14)对方右直拳击我面部,我左闪步,同时左手从其右臂外侧由左向右后方搂拍;随即右直拳击其肋部。如图 4-69 所示。

图 4-69　防直拳——搂拍——手反击(14)

2.防直拳——格挡——手反击

（1）对方以左直冲拳击我头部，我左小臂由左向右斜后方格挡防拳，随即左脚上步，上盘用左崩拳击其面部，下盘用右弹拳击其裆、腹部。如图4-70所示。

图4-70　防直拳——格挡——手反击（1）

要点：两拳同时出击，左拳拳面朝上，右拳拳面朝下，力达拳面。

（2）对方以左直冲拳击我头部，我左小臂由左向右斜后方格挡防拳，随即左脚上步，用左弹拳反击其面部左侧。如图4-71所示。

图4-71　防直拳——格挡——手反击（2）

（3）对方以左直冲拳击我头部，我左小臂由左向右斜后方格挡防拳，随即左脚上步，左腿内旋，脚跟掀起，上体右转，同时用左披拳反击其裆部。如图4-72所示。

图 4-72　防直拳——格挡——手反击(3)

(4)对方以左直冲拳击我头部,我左小臂由左向右斜后方格挡防拳,随即以左腿为轴,脚掌碾地,向右后转身180°;用右鞭拳反击其面部右侧。如图4-73所示。

图 4-73　防直拳——格挡——手反击(4)

(5)对方以左直冲拳击我头部,我右小臂由右向左斜后方格挡防拳,同时右脚上步,随即以右腿为轴,脚掌碾地,向左后转身180°,用左鞭拳反击其面部左侧。如图4-74所示。

图 4-74　防直拳——格挡——手反击(5)

（6）对方以左直冲拳击我头部，我右小臂由右向左斜后方格挡防拳，随即左脚上步，用左摆拳反击其面部右侧。如图4-75所示。

图4-75　防直拳——格挡——手反击（6）

（7）对方以左直冲拳击我头部，我右小臂由右向左斜后方格挡防拳，随即左脚上步，用左直冲拳反击其左肋、腹。如图4-76所示。

图4-76　防直拳——格挡——手反击（7）

（8）对方以左直冲拳击我头部，我右小臂由右向左斜后方格挡防拳，随即右脚上步，用右摔掌反击其面部。如图4-77所示。

图4-77　防直拳——格挡——手反击（8）

(9)对方以左直冲拳击我头部,我右小臂由右向左斜后方格挡防拳,随即右脚上步,用右横掌反击其颈部。如图 4-78 所示。

图 4-78　防直拳——格挡——手反击(9)

(10)对方以右直冲拳击我头部,我左小臂由右向左斜后方格挡防拳,随即左脚上步,用左盖拳或左拍手反击其面部。如图 4-79 所示。

图 4-79　防直拳——格挡——手反击(10)

(11)对方以右直冲拳击我头部,我左小臂由右向左斜后方格挡防拳,随即左脚上步,用右摆拳、右栽拳、右平勾拳、右上勾拳、右直冲拳、右摔掌、右崩拳等反击。如图 4-80 所示。

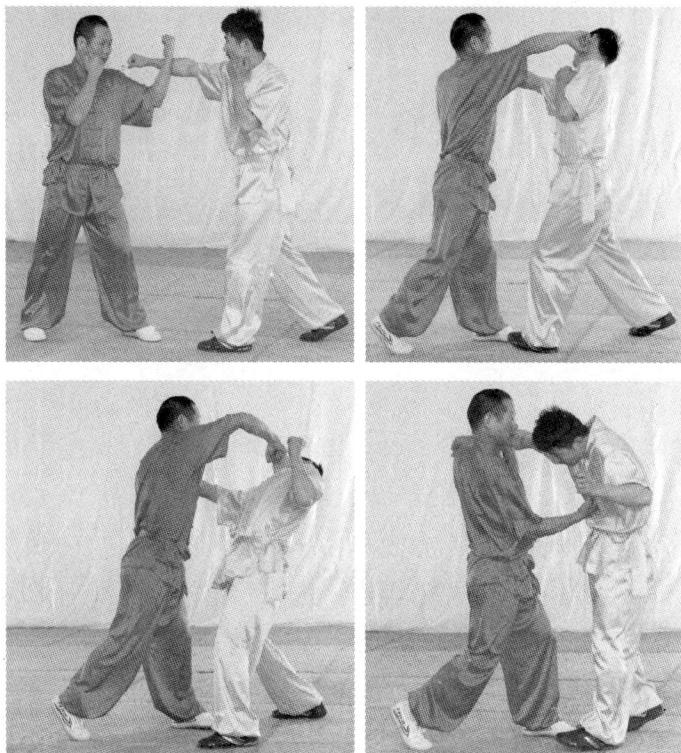

图 4-80　防直拳——格挡——手反击(11)

3. 防拳——上架——手反击

(1)对方以左栽拳、左劈拳、左直冲拳等击我头、颈部,我右臂屈肘,小臂内旋上架于头前上方防拳,随即左脚上步,用左横掌反击其左肋。如图 4-81 所示。

图 4-81　防拳——上架——手反击(1)

(2)对方以右劈拳击我头部,我左臂屈肘,小臂内旋上架于头前上方防拳,随即左脚上步,用右上勾拳反击其腹部,再以左直冲拳击其面部。如图 4-82 所示。

图 4-82　防拳——上架——手反击(2)

(3)对方以右劈拳击我头部,我左臂屈肘,小臂内旋上架于头前上方防拳,随即左脚上步,用左盖拳或左拍手反击其面部。如图 4-83 所示。

图 4-83　防拳——上架——手反击(3)

(4)对方以左直冲拳击我头部,我右臂屈肘,小臂内旋上架于头前上方防拳,随即左脚上步,左直冲拳接左摆拳出击(或左摆拳接左直冲拳出击)。如图 4-84所示。

图 4-84　防拳——上架——手反击(4)

(5)对方以左栽拳击我头颈部,我右臂屈肘,小臂内旋上架于头前上方防拳,随即左脚上步,用左摆拳反击其头部右侧,再以左斜上勾拳击其右肋。或左上勾拳出击接左摆拳反击,使其上下防守措手不及。如图 4-85 所示。

图 4-85　防拳——上架——手反击(5)

(6)对方以左直冲拳击我头部,我右臂屈肘,小臂内旋上架于头前上方防拳,随即左脚上步,用左崩拳反击其面部,接左掖拳反击其裆部。或先以左掖拳击其裆部,接左崩拳反击其面部。如图 4-86 所示。

图 4-86　防拳——上架——手反击(6)

要点:指上打下,指下打上。

(7)对方以左直冲拳击我头部,我右臂屈肘,小臂内旋上架于头前上方防拳,随即左脚上步,用左摔掌反击其面部,接左拍手攻击其面部。如图 4-87 所示。

图 4-87　防拳——上架——手反击(7)

要点:摔掌接拍手要快速。

4.防摆拳、鞭拳、直拳——挂挡、推掌、抓采等——手反击

(1)对方以右摆拳击我头部,我急以左直冲拳还击其头部。如图 4-88 所示。

图 4-88　防摆拳、鞭拳、直拳——挂挡、推掌、抓采等——手反击(1)

要点:以直破横,后发先至,以攻代防。

(2)对方以左摆拳击我头部右侧,我右掌推其左肘内侧防拳,随即左脚上步,用左摆拳或左直冲拳、左摔掌攻击其头部。如图 4-89 所示。

图 4-89　防摆拳、鞭拳、直拳——挂挡、推掌、抓采等——手反击(2)

（3）对方以左摆拳、鞭拳等击我头部，我右手挂挡防拳，随即左脚上步，用左上勾拳攻击其腹部。如图 4-90 所示。

图 4-90　防摆拳、鞭拳、直拳——挂挡、推掌、抓采等——手反击（3）

（4）对方以左摆拳、鞭拳等击我头部，我右手挂挡防拳，随即左脚上步，用左崩拳攻击其面部，接右插捶攻击其腹部。如图 4-91 所示。

图 4-91　防摆拳、鞭拳、直拳——挂挡、推掌、抓采等——手反击（4）

（5）对方以左直冲拳击我脸部，我右掌前推迎击、阻挡其拳，随即左脚上步，左摆拳或左直冲拳攻击其头部。如图 4-92 所示。

图 4-92　防摆拳、鞭拳、直拳——挂挡、推掌、抓采等——手反击（5）

(6)对方以左直冲拳击我头部,我右斜步,同时左手从其臂外侧抓采其腕或小臂,随即左脚上步,用右插捶或插掌攻击其左软肋,左拳回收于下颌左侧。如图 4-93 所示。

图 4-93　防摆拳、鞭拳、直拳——挂挡、推掌、抓采等——手反击(6)

(7)对方以左直冲拳击我头部,我右斜步,同时左手从其臂外侧抓采其腕或小臂,随即左脚上步,用右平勾拳、右摆拳或右直冲拳攻击其面部,左拳回收于下颌左侧。如图 4-94 所示。

图 4-94　防摆拳、鞭拳、直拳——挂挡、推掌、抓采等——手反击(7)

5.防上勾拳、披拳、插捶等——小臂截砸、砸肘——手反击

(1)对方以左上勾拳击我腹部,我用右砸肘或右小臂由上向下截砸其小臂防拳,随即左脚上步,左直冲拳攻击其面部。如图 4-95 所示。

图 4-95 防上勾拳、披拳、插捶等——砸肘、小臂截砸——手反击(1)

(2)对方以左上勾拳击我腹部,我用右小臂由上向下截砸其小臂防拳,随即左脚上步,左摆拳攻击其头部。如图 4-96 所示。

图 4-96 防上勾拳、披拳、插捶等——小臂截砸——手反击(2)

(3)对方以左披拳击我裆部,我重心下沉,腰向左拧,重心左移,右膝内扣护裆,右脚跟掀起,同时用右小臂由上向下截砸其小臂防拳,力达小臂尺骨或腕,左拳护于下颌左侧,随即以左摆拳攻击其头部,腰向右拧,右拳护于下颌右侧。如图 4-97 所示。

图 4-97 防上勾拳、披拳、插捶等——小臂截砸——手反击(3)

（4）对方以左插捶击我腹部，我左脚迅速后退，重心右移，成左丁步，同时用左小臂由上向下截砸其小臂防拳，力达小臂尺骨或腕，随即左脚上步，左直冲拳攻击其面部，右拳护于下颌右侧。如图 4-98 所示。

图 4-98　防上勾拳、掖拳、插捶等——小臂截砸——手反击（4）

二、防手腿反击技术

1. 防拳——上体后闪——腿迎击

（1）对方用右直冲拳击我头部，我上体后闪防拳，同时以右蹬腿或左蹬腿攻击其腹部。如图 4-99 所示。

图 4-99　防拳——上体后闪——腿迎击（1）

要点：后闪防守的同时施以反击，防中寓攻。拳谚说：彼不动，己不动，彼微动，己先动。

（2）对方用左直冲拳击我头部，我上体后闪防拳，同时以左弹腿攻击其裆部。如图 4-100 所示。

图 4-100　防拳——上体后闪——腿迎击(2)

　　(3)对方用左直冲拳击我头部,我上体后闪防拳,同时以左侧踹腿攻击其左软肋。如图 4-101 所示。

图 4-101　防拳——上体后闪——腿迎击(3)

　　(4)对方用左直冲拳击我头部,我上体后闪防拳,同时以右丁腿攻击其左小腿骨。如图 4-102 所示。

图 4-102　防拳——上体后闪——腿迎击(4)

（5）对方用左直冲拳击我头部，我急向右转身，以左后蹬腿攻击其左软肋部。如图4-103所示。

图4-103　防拳——上体后闪——腿迎击（5）

（6）对方用右摆拳击我头部，我急上体右倾，带动左边腿攻击其右肋。如图4-104所示。

图4-104　防拳——上体后闪——腿迎击（6）

2.防直拳——搂拍、格挡——腿反击

（1）对方以右直冲拳击我头部，我左手由左向右斜下方搂拍，随即用左弹腿反击其裆部。如图4-105所示。

图 4-105　防直拳——搂拍、格挡——腿反击(1)

　　(2)对方以右直冲拳击我头部,我左手由左向右斜下方搂拍,随即用左丁腿反击其左小腿。如图 4-106 所示。

图 4-106　防直拳——搂拍、格挡——腿反击(2)

　　(3)对方以右直冲拳击我头部,我左手由左向右斜下方搂拍,随即用左蹬腿反击其腹肋。如图 4-107 所示。

图 4-107　防直拳——搂拍、格挡——腿反击(3)

　　(4)对方以右直冲拳击我头部,我左手由左向右斜下方搂拍,随即上体向右后转身,用左后撩腿攻击其裆。如图4-108所示。

图4-108 防直拳——搂拍、格挡——腿反击(4)

(5)对方以左直冲拳击我头部,我左小臂由左向右斜下方格挡,同时上体向右后转身360°,用右横扫腿攻击其头部。如图4-109所示。

图4-109 防直拳——搂拍、格挡——腿反击(5)

(6)对方以左直冲拳击我头部,我右手由右向左斜下方搂拍,随即用右蹬腿反击其左软肋。如图4-110所示。

图4-110 防直拳——搂拍、格挡——腿反击(6)

(7)对方以左直冲拳击我头部,我右手由右向左斜下方搂拍,随即用右摆腿或右边腿反击其左软肋或后背。如图 4-111 所示。

图 4-111　防直拳——搂拍、格挡——腿反击(7)

(8)对方以左直冲拳击我头部,我右手由右向左斜下方搂拍,随即用左摆腿或左边腿反击其腹部。如图 4-112 所示。

图 4-112　防直拳——搂拍、格挡——腿反击(8)

(9)对方以左直冲拳击我头部,我右手由右向左斜下方搂拍,随即用右瞟腿反击其左膝外侧。如图 4-113 所示。

图 4-113　防直拳——搂拍、格挡——腿反击(9)

（10）对方以左直冲拳击我头部,我右手由右向左斜下方搂拍,随即用右侧踹腿反击其软肋。如图 4-114 所示。

图 4-114　防直拳——搂拍、格挡——腿反击(10)

3.防直拳、劈拳、盖拳、崩拳——上架——腿反击

（1）对方以右直冲拳、劈拳、盖拳、崩拳击我头部,我左臂屈肘,小臂内旋上架于头前上方防拳,急用左铲腿攻击其左小腿。如图 4-115 所示。

图 4-115　防直拳、劈拳、盖拳、崩拳——上架——腿反击(1)

（2）对方以右直冲拳、劈拳、盖拳、崩拳击我头部,我左臂屈肘,小臂内旋上架于头前上方防拳,随即左侧踹腿攻击其胸腹部。如图 4-116 所示。

图 4-116 防直拳、劈拳、盖拳、崩拳——上架——腿反击（2）

（3）对方以右直冲拳、劈拳、盖拳、崩拳击我头部，我左臂屈肘，小臂内旋上架于头前上方防拳，随即用右截腿攻击其左膝。如图 4-117 所示。

图 4-117 防直拳、劈拳、盖拳、崩拳——上架——腿反击（3）

（4）对方以右直冲拳、劈拳、盖拳、崩拳击我头部，我左臂屈肘，小臂内旋上架于头前上方防拳，随即用左、右蹬腿或弹腿攻击其胸、腹、裆部。如图 4-118 所示。

图 4-118 防直拳、劈拳、盖拳、崩拳——上架——腿反击（4）

（5）对方以右直冲拳、劈拳、盖拳、崩拳击我头部，我左臂屈肘，小臂内旋上架于头前上方防拳，随即用右摆拳击其头部，接左弹腿或蹬腿攻击其腹、裆部。如图 4-119 所示。

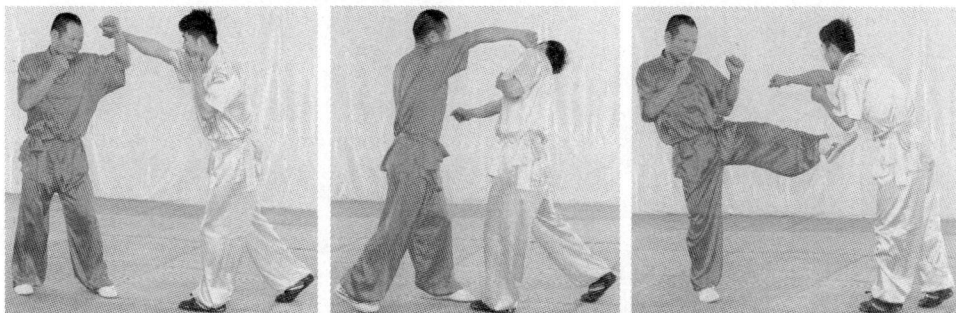

图 4-119　防直拳、劈拳、盖拳、崩拳——上架——腿反击(5)

4.防摆拳、鞭拳、直拳等——挂挡、推掌、抓采——腿反击

（1）对方以左直冲拳击我头部，我右斜步，同时左手从其臂外侧抓采其小臂或腕，随即右侧踹腿攻击其左肋。如图 4-120 所示。

图 4-120　防摆拳、鞭拳、直拳等——挂挡、推掌、抓采——腿反击(1)

要点：左手引进，右腿踹击，形成合力。

（2）对方以左直冲拳击我头部，我右斜步，同时左手从其臂外侧抓采其小臂或腕，随即左边腿或侧踹腿、弹腿攻击其腹、肋、裆。如图 4-121 所示。

图 4-121　防摆拳、鞭拳、直拳等——挂挡、推掌、抓采——腿反击(2)

要点:左手引进,左腿攻击,形成合力。

(3)对方以右摆拳击我头部,我左手从其臂内侧抓采,随即右勾踢腿攻击其左脚跟,同时右鞭拳由左向右横击其右腋窝。如图 4-122 所示。

图 4-122　防摆拳、鞭拳、直拳等——挂挡、推掌、抓采——腿反击(3)

(4)对方以左摆拳击我头部,我右掌从其臂内侧推击其肘,随即右蹬腿攻击其胸腹部。如图 4-123 所示。

图 4-123　防摆拳、鞭拳、直拳等——挂挡、推掌、抓采——腿反击(4)

（5）对方以右摆拳击我头部，我左小臂挂挡防拳，随即左侧踹腿或左蹬腿攻击其胸腹部。如图 4-124 所示。

图 4-124　防摆拳、鞭拳、直拳等——挂挡、推掌、抓采——腿反击(5)

（6）对方以右直冲拳击我头部，我左斜步，同时右手从其臂外侧抓采其小臂或腕，随即右勾踢腿攻击其左脚跟。如图 4-125 所示。

图 4-125　防摆拳、鞭拳、直拳等——挂挡、推掌、抓采——腿反击(6)

要点:右手向右后方引进,右脚向左前方勾踢,形成合力。

(7)从左实战姿势开始,对方以左直冲拳击我头部,我向下躲闪(即下潜),随即以右勾踢腿攻击其左脚后跟。如图 4-126 所示。

图 4-126　防摆拳、鞭拳、直拳等——挂挡、推掌、抓采——腿反击(7)

(8)从左实战姿势开始,对方以左直冲拳击我头部,我用右推掌迎击来拳,随即以左弹踢攻击其裆部。如图 4-127 所示。

图 4-127　防摆拳、鞭拳、直拳等——挂挡、推掌、抓采——腿反击(8)

(9)从左实战姿势开始,对方以左直冲拳击我头部,我用右推掌迎击来拳,随即以左边腿攻击其胸、肋部。如图 4-128 所示。

图 4-128　防摆拳、鞭拳、直拳等——挂挡、推掌、抓采——腿反击(9)

(10)从左实战姿势开始,对方以左直冲拳击我头部,我用右推掌迎击来拳,随即以右蹬腿或侧踹腿攻击其胸腹。如图 4-129 所示。

图 4-129　防摆拳、鞭拳、直拳等——挂挡、推掌、抓采——腿反击(10)

5.防掖拳、插捶、勾拳等——砸肘——腿反击

(1)从左实战姿势开始,对方以左上勾拳击我腹部,我用右砸肘防拳,随即以左摆拳攻击其头部,接左弹腿攻击其裆部。如图 4-130 所示。

图 4-130　防掖拳、插捶、勾拳等——砸肘——腿反击(1)

（2）从左实战姿势开始，对方以左上勾拳击我腹部，我用左砸肘防拳，随即以左丁腿攻击其左小腿，接左直冲拳攻击其面部。如图4-131所示。

图4-131　防披拳、插捶、勾拳等——砸肘——腿反击（2）

三、防腿手反击技术

1.防边腿——手反击

（1）对方右边腿攻击我左肋，我十字手防腿，腰向左拧，随即以右弹拳或摔掌、崩拳攻击其面部。如图4-132所示。

图4-132　防边腿——手反击（1）

（2）对方左边腿攻击我右肋，我十字手防腿，腰向右拧，随即以右栽拳攻击其颈部左侧。如图4-133所示。

图 4-133 防边腿——手反击（2）

（3）对方左边腿攻击我右肋，我十字手防腿，腰向右拧，随即以右摆拳攻击其左脸部。如图 4-134 所示。

图 4-134 防边腿——手反击（3）

（4）对方左边腿攻击我右肋，我十字手防腿，腰向右拧，随即向右后转身 360°，以右鞭拳攻击其右脸部。如图 4-135 所示。

图 4-135 防边腿——手反击（4）

（5）对方右边腿攻击我头部左侧，我两手向左后方格挡防腿，腰向左拧，随即右脚上步,右直冲拳攻击其面部。如图 4-136 所示。

图 4-136　防边腿——手反击(5)

(6)对方左边腿攻击我上盘右侧,我两手向右后方格挡防腿,腰向右拧,随即左脚上步,左直冲拳攻击其面部。如图 4-137 所示。

图 4-137　防边腿——手反击(6)

(7)对方左边腿攻击我上盘右侧,我两手向右后方格挡防腿,腰向右拧,随即左脚上步,左腿内旋,脚跟掀起,用左掖拳攻击其裆部。如图 4-138 所示。

图 4-138　防边腿——手反击(7)

（8）对方左边腿攻击我右肋，我右臂屈肘小于 90°，大小臂紧贴右胸、肋、腹部，肘尖向下，拳贴胸前，拳眼斜向上，以大小臂阻挡腿攻击，腰向右拧，同时左脚上步，左直冲拳攻击其面部，目视前方。如图 4-139 所示。

图 4-139　防边腿——手反击（8）

要点：以直破横，后发先至。

2.防侧踹腿——手反击

（1）对方左侧踹腿攻击我腹部，我右斜步，同时左手向下、向左后方搂拍防腿，随即左脚上步，以左摆拳攻击其面部。如图 4-140 所示。

图 4-140　防侧踹腿——手反击（1）

（2）对方右侧踹腿攻击我腹部，我左斜步，同时右手向下、向右后方搂拍防腿，随即右脚上步，以右摆拳攻击其面部。如图 4-141 所示。

图 4-141　防侧踹腿——手反击(2)

(3)对方右侧踹腿攻击我腹部,我左滑步,同时左手向下、向右后方挂挡防腿,随即左脚上步,以右直冲拳攻击其面部,左拳放于左下颌处。如图 4-142 所示。

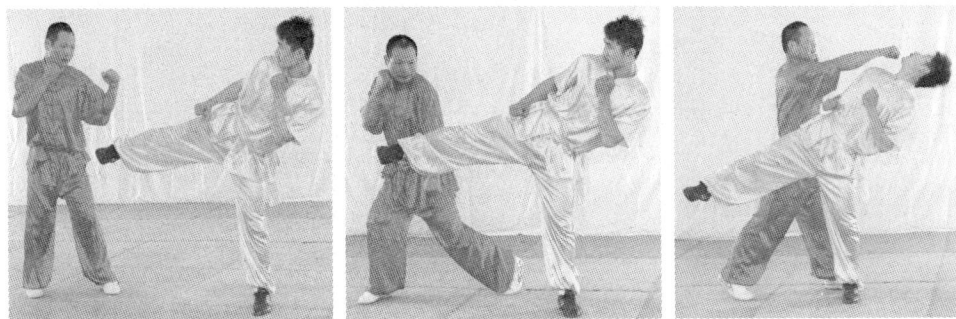

图 4-142　防侧踹腿——手反击(3)

(4)对方左侧踹腿攻击我腹部,我右斜步,同时右手向下、向左后方挂挡防腿,随即右脚上步,以左直冲拳攻击其面部,右拳放于右下颌处。如图 4-143 所示。

图 4-143　防侧踹腿——手反击(4)

(5)对方右侧踹腿攻击我腹部,我左滑步,同时左手由左向右抄腿防守,随即左脚上步,以右摆拳攻击其面部,左拳放于左下颌处。如图 4-144 所示。

图 4-144 防侧踹腿——手反击(5)

(6)对方左侧踹腿攻击我腹部,我右斜步,同时右手由右向左抄腿防守,随即右脚上步,以左摆拳攻击其面部,右拳放于右下颌处。如图 4-145 所示。

图 4-145 防侧踹腿——手反击(6)

3.防蹬腿、弹腿——手反击

(1)对方以左蹬腿攻击我腹裆部,我以右栽拳攻击其小腿骨,身体下蹲,上体左转,左掌护于右肩前。如图 4-146 所示。

图 4-146 防蹬腿、弹腿——手反击(1)

（2）对方左蹬腿攻击我腹裆部，我右斜步，同时左手从其腿外侧向下、向左后方搂拍其小腿或踝关节处，随即左脚上步，以左摆拳攻击其头部。如图 4-147 所示。

图 4-147　防蹬腿、弹腿——手反击（2）

（3）对方右蹬腿攻击我胸腹部，我左滑步，同时左手从其腿外侧由左向右抄腿防守，随即左脚上步，以右插捶攻击其腹部。如图 4-148 所示。

图 4-148　防蹬腿、弹腿——手反击（3）

（4）对方右蹬腿攻击我腹部，我左斜步，右手从其腿外侧向下、向右后方搂腿防守，随即右脚上步，别住其左脚后侧，同时两手向前推击其胸部，将其推倒。如图 4-149 所示。

图 4-149　防蹬腿、弹腿——手反击(4)

（5）对方左弹腿攻击我裆部，我左脚后退成左丁步，同时左臂屈肘，拳心向内，拳眼向上，用左小臂由上向下砸击其小腿或脚背，随即左脚上步，以左直冲拳或左摆拳攻击其面部。如图 4-150 所示。

图 4-150　防蹬腿、弹腿——手反击(5)

（6）对方右弹腿攻击我裆部，我左斜步，右手从其腿外侧向下、向右后方搂拍防腿，随即右脚上步，以右直冲拳攻击其面部。如图 4-151 所示。

图 4-151　防蹬腿、弹腿——手反击(6)

（7）对方左弹腿攻击我裆部，我提左膝内扣阻挡防腿，随即左脚上步，以左直冲拳攻击其面部。如图 4-152 所示。

图 4-152　防蹬腿、弹腿——手反击(7)

4. 防铲腿、勾腿、截腿、丁腿——手反击

对方铲腿、勾腿、截腿攻击我下盘，我提膝避腿或截腿阻挡，随即左脚上步，以左直冲拳或摆拳、摔掌、拍手攻击其面部。如图 4-153 所示。

图 4-153　防铲腿、勾腿、截腿、丁腿——手反击

四、防腿腿反击技术

1. 防腿——腿迎击

(1)对方准备用左弹腿攻击我,我急用左铲腿阻击其左膝或小腿。如图 4-154 所示。

图 4-154　防腿——腿迎击(1)

　　要点:后发先至。拳谚说:彼不动,己不动,彼微动,己先动。

　　(2)对方以右边腿攻击我左肋,我迅速以左弹腿从其右腿内侧攻击其裆部。如图 4-155 所示。

图 4-155　防腿——腿迎击(2)

　　要点:以攻代防,横来直破,后发先至。

　　(3)对方准备以左侧踹腿攻击我,我迅速以左蹬腿迎击其左腿。如图 4-156 所示。

图 4-156 防腿——腿迎击（3）

（4）对方准备以左蹬腿或左弹腿攻击我，我迅速以右截腿（栏门脚）封堵其左腿，随即右脚落地，以左侧踹腿反击其腹部。如图 4-157 所示。

图 4-157 防腿——腿迎击（4）

（5）对方以转身横扫腿攻击时，待其背对我时，我迅速以左蹬腿击其背部或臀部。如图 4-158 所示。

图 4-158 防腿——腿迎击（5）

要点:以攻代防,横来直破,后发先至。

2.防边腿——腿反击

(1)对方右边腿攻击我左大腿外侧,我左脚后退成左丁步,同时左手向下、向左后方勾住其小腿或踝关节处,随即用左侧端腿攻击其腹肋部。如图4-159所示。

图4-159　防边腿——腿反击(1)

(2)对方右边腿攻击我左肋,我十字手防腿,腰向左拧,随即以右弹腿或左弹腿攻击其裆部。如图4-160所示。

图4-160　防边腿——腿反击(2)

(3)对方右边腿攻击我左肋,我十字手防腿,腰向左拧,随即以右蹬腿攻击其胸腹部。如图4-161所示。

图 4-161　防边腿——腿反击(3)

(4)对方右边腿攻击我左肋,我十字手防腿,腰向左拧,随即以右侧端腿攻击其胸腹部。如图 4-162 所示。

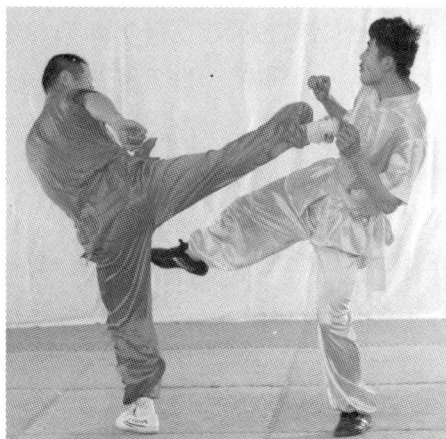

图 4-162　防边腿——腿反击(4)

(5)对方右边腿攻击我左肋,我十字手防腿,腰向左拧,随即以右铲腿或侧端腿攻击其左大腿内侧。如图 4-163 所示。

图 4-163　防边腿——腿反击(5)

(6)对方右边腿攻击我左肋,我十字手防腿,腰向左拧,随即我右脚上步,身体向左后转 360°,带动左横扫腿攻击其上体左侧。如图 4-164 所示。

图 4-164　防边腿——腿反击(6)

(7)对方右边腿攻击我左肋,我十字手防腿,腰向左拧,随即以右边腿攻击其左肋。如图 4-165 所示。

图 4-165　防边腿——腿反击(7)

　　(8)对方左边腿攻击我上体右侧,我双手向右后方格挡防腿,顺势向右后转体360°,带动右横扫腿攻击其上体右侧。如图 4-166 所示。

图 4-166　防边腿——腿反击(8)

　　(9)对方左边腿攻击我上体右侧,我两手向右后方格挡防腿,顺势向右后转体180°,并以右后撩腿攻击其裆部。如图 4-167 所示。

图 4-167　防边腿——腿反击(9)

(10)对方左边腿攻击我上体右侧,我双手向右后方格挡防腿,随即上体向右后转身,并以左后蹬腿攻击其中盘。如图4-168所示。

图4-168 防边腿——腿反击(10)

(11)对方左边腿攻击我右肋,我右臂屈肘小于90°,大小臂紧贴右胸、肋、腹部,肘尖向下,拳贴胸前,拳眼斜向上,以大小臂阻挡腿攻击,腰向右拧,同时左弹腿攻击其裆部或以左蹬腿攻击其胸腹部,目视前方。如图4-169所示。

图4-169 防边腿——腿反击(11)

要点:以直破横,后发先至。

(12)对方右边腿攻击我左肋,我左臂屈肘小于90°,大小臂紧贴左胸、肋、腹部,肘尖向下,拳贴胸前,拳眼斜向上,以大小臂阻挡腿攻击,腰向左拧,同时右弹腿攻击其裆部或以右蹬腿攻击其胸腹部,目视前方。如图4-170所示。

图 4-170 防边腿——腿反击(12)

要点:以直破横,后发先至。

3.防侧踹腿——腿反击

(1)若对方右侧踹腿攻击我胸部,我向左滑步,同时左手由左向右后方格挡防腿,随即以右边腿反击其腹部,如图 4-171 所示。若对方左侧踹腿攻击我胸部,我向右滑步,同时右手由右向左后方格挡防腿,随即以左边腿反击其腹部。

图 4-171 防侧踹腿——腿反击(1)

（2）对方右侧踹腿攻击我腹部，我右斜步，同时左手向下、向左后方搂腿防守，随即以左侧腿反击其腹肋部。如图4-172所示。

图 4-172　防侧踹腿——腿反击（2）

（3）对方左侧踹腿攻击我腹部，我右斜步，同时左手向下、向后搂腿防守，随即我以右边腿反击其背部。如图4-173所示。

图 4-173　防侧踹腿——腿反击（3）

（4）若对方右侧踹腿攻击我胸部，我向左滑步，同时左手由左向右抄腿防守，随即以左铲腿或左侧踹腿反击其左大腿内侧。如图4-174所示。若对方左侧踹腿攻击我胸部，我向右滑步，同时右手由右向左抄腿防守，随即以右铲腿或右侧踹腿反击其右大腿内侧。

图 4-174　防侧踹腿——腿反击（4）

（5）对方右侧踹腿攻击我胸部，我向左滑步，同时左手由左向右抄腿防守，随即以左弹腿反击其裆部。如图 4-175 所示。

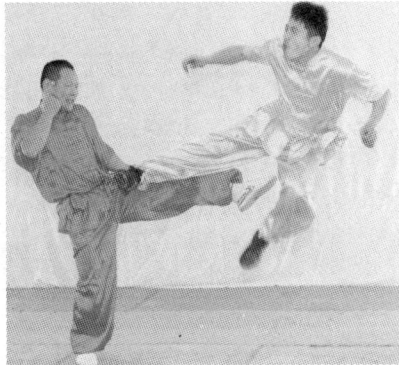

图 4-175　防侧踹腿——腿反击（5）

（6）对方右侧踹腿攻击我腹部，我提左膝防腿，当其右腿落地时，我急以左踹腿攻击其腹肋部。如图 4-176 所示。

图 4-176　防侧踹腿——腿反击（6）

（7）对方右侧踹腿攻击我腹部，我向左滑步，同时左拳向下、向右后方挂防其腿，随即向右后转体以右横扫腿或右侧踹腿攻击其上盘。如图 4-177 所示。

图 4-177　防侧踹腿——腿反击(7)

（8）对方右侧踹腿攻击我腹部，我右斜步，同时右拳由上向下、向左后方挂防其腿，随即我以右侧踹腿攻击其中盘。如图 4-178 所示。

图 4-178　防侧踹腿——腿反击(8)

4.防蹬腿、弹腿——腿反击

(1)对方右蹬腿攻击我腹部,我两手向下交叉十字防腿,随即以右蹬腿反击其腹部。如图 4-179 所示。

图 4-179 防蹬腿、弹腿——腿反击(1)

(2)对方右蹬腿或右弹腿攻击我腹、裆部,我左手向下从其小腿内侧向左后下方搂腿,随即以左弹腿或右弹腿反击其裆部。如图 4-180 所示。

图 4-180 防蹬腿、弹腿——腿反击(2)

（3）对方右蹬腿攻击我腹部，我向左滑步，同时左拳由上向下、向右后方挂防其腿，随即以右边腿攻击其腹肋。如图 4-181 所示。

图 4-181　防蹬腿、弹腿——腿反击（3）

（4）对方右弹腿攻击我裆部，我左脚后退成左丁步，同时左臂下砸其小腿，随即以左侧踹腿攻击其腹部。如图 4-182 所示。

图 4-182　防蹬腿、弹腿——腿反击（4）

（5）对方左弹腿攻击我裆部，我提左膝阻挡其小腿，随即以左弹腿还击其裆部。如图 4-183 所示。

图 4-183　防蹬腿、弹腿——腿反击(5)

(6)对方左弹腿攻击我裆部,我提左膝阻挡其小腿,随即以左侧踹腿攻击其腹肋部。如图 4-184 所示。

图 4-184　防蹬腿、弹腿——腿反击(6)

(7)对方左弹腿攻击我裆部,我以左勾踢腿攻击其左小腿下侧,脚不落地,随即以左侧踹腿反击其右大腿内侧。如图 4-185 所示。

图 4-185　防蹬腿、弹腿——腿反击(7)

要点:空中勾踢腿接侧踹要快,如对方腿收回,我急用右侧踹腿攻击其上盘。

（8）对方右蹬腿攻击我腹部，我以右勾踢腿攻击其右小腿下侧，脚不落地，随即以右侧踹腿反击其左大腿内侧。如图4-186所示。

图 4-186　防蹬腿、弹腿——腿反击（8）

（9）对方右弹腿攻击我裆部，我以左挂腿防踢，脚不落地，随即以左侧踹腿反击其左大腿内侧。如图4-187所示。

图 4-187　防蹬腿、弹腿——腿反击（9）

（10）对方右蹬腿攻击我腹部，我急提左膝由左向右阻挡其右腿（或用左脚尖勾起其右小腿），脚不落地，随即以左侧踹腿反击其左大腿内侧。如图4-188所示。

图 4-188　防蹬腿、弹腿——腿反击（10）

5.防铲腿、勾踢腿、截腿、丁腿——腿反击

（1）对方左铲腿、勾踢腿、截腿、丁腿攻击我下盘，我提膝避腿，随即以左侧踹腿反击其腹肋部。如图 4-189 所示。

图 4-189　防铲腿、勾踢腿、截腿、丁腿——腿反击（1）

（2）对方左铲腿、勾踢腿、截腿、丁腿攻击我下盘，我提膝避腿，随即以左蹬腿反击其腹肋。如图 4-190 所示。

图 4-190　防铲腿、勾踢腿、截腿、丁腿——腿反击（2）

（3）对方左铲腿、勾踢腿、截腿、丁腿攻击我下盘，我提左膝下截其小腿，随即以右蹬腿反击其腹肋。如图 4-191 所示。

图 4-191　防铲腿、勾踢腿、截腿、丁腿——腿反击（3）

第五章　进攻组合技术

　　进攻组合技术是将两个或两个以上的单个动作有机连接成组合动作进行攻击。任何防守技术的运用和步法、身法、手法的调整,目的都是为了更好地进攻。开展有效的进攻才能打击对方,赢得分数。进攻时以"远踢、近打、贴身摔"为原则,讲究"手是两扇门,全凭腿打人"。

　　散手比赛双方斗智、斗勇、较技、较力,攻防技术日趋成熟,在旗鼓相当、势均力敌的情况下,单凭身体、技术战胜对方的现象逐渐减少,良好的竞技水平,只有通过战术形式表现出来,使之呈现出灵活、巧妙、多变的技术和战术风格,才能"制人而不制于人"。

　　运动员遵循"攻防兼顾"的原则,结合实际情况制定进攻战术,面对强手防中有攻,以防守反击为主,面对弱手攻中有防,以攻为主,面对势均力敌者,要攻防兼顾,有序进攻,稳妥防守,抓住战机,猛烈强攻。《孙子兵法》有云:"兵者,诡道也"、"攻其不备,出其不意",即用兵之道在于千变万化、出其不意。散手战术灵活多变,有快攻、强攻、佯攻等形式。可以指上打下,指下打上,视左击右,视右击左,有真有假,有虚有实等;可以从对方侧面、正面、背面等不同的进攻方向,打击对方上、中、下等不同的攻击点,进行立体交叉、全方位攻击,使其防不胜防。既要制长战术,制服对方的技术专长,使其不能有效发挥作用,又要制短战术,攻击对方的薄弱环节。如有的防拳技术差、有的防腿技术差、有的防摔技术差、有的防下盘技术差、有的防上盘技术差等,我制其所短。要抓住时机强攻猛进,连击不止,以最快的速度、有效的动作、强大的功力和必胜的信心赢得胜利。可以运用武术各流派、各拳种、各功力的招法,以精湛的武艺、巧妙的技法、灵活的战术战胜对方。为适应实战的需要,运动员应根据自己的特点建立起对待不同对手的多种成套战术方法。

　　本书重点介绍手法进攻组合、腿法进攻组合和手腿进攻组合。

第一节　手法进攻组合

一、上下结合

1. 左上勾拳——左摆拳

双方从左实战姿势开始，我左脚上步，用左上勾拳攻击对方胸腹或下颌，对方用右砸肘防拳，此时对方头右侧暴露，我急用左摆拳击其头右侧。反之，左摆拳接左上勾拳。如图 5-1 所示。

图 5-1　左上勾拳——左摆拳

要点：指下打上，指上打下，上下互换。

2. 左直冲拳——左上勾拳

双方从左实战姿势开始，我左脚上步，用左直冲拳或左摔掌、左盖拳、左崩拳攻击对方面部，对方右臂上架防拳，此时对方右肋暴露，我急左脚上步用左上勾拳击其右肋。反之，左上勾拳接左直冲拳。如图 5-2 所示。

图 5-2　左直冲拳——左上勾拳

要点:左直冲拳为上勾拳服做引拳。

用途:打击对方右肋或腹部。

3.左摆拳——左崩拳——左掖拳

双方从左实战姿势开始,我左脚上步,用左摆拳攻击对方头部右侧,对方挂挡防拳,此时对方脸部暴露,我急用左崩拳击其脸部,此时对方裆部暴露,我急用左掖拳击其裆部。如图5-3所示。

图 5-3　左摆拳——左崩拳——左掖拳

要点:以左摆拳作引拳,崩拳、掖拳要连贯、快速,使其防不胜防。

4.右上勾拳——左直冲拳

双方从左实战姿势开始,我左脚上步,用右上勾拳攻击对方腹部,对方左砸肘防拳,我急左脚上步用左直冲拳击其脸部,右拳护于右下额处。反之,左直冲拳接右上勾拳。如图5-4所示。

图 5-4　右上勾拳——左直冲拳

5. 右摆拳——左上勾拳

双方从左实战姿势开始，我左脚上步，用右摆拳攻击对方头部左侧，对方挂挡防拳，我急左脚上步用左上勾拳击其腹部，右拳护于右下颌处。反之，左上勾拳——右摆拳。如图 5-5 所示。

图 5-5　右摆拳——左上勾拳

要点：右摆拳诱敌防上，不必太用力，左上勾拳则短促有力。

6. 左直冲拳——右栽拳——左上勾拳

双方从左实战姿势开始，我左脚上步，用左直冲拳攻击对方面部，对方后仰避开，我急上步用右栽拳击其头颈部左侧，再用左上勾拳攻击其胸腹，右拳护于下颌右侧。如图 5-6 所示。

图 5-6　左直冲拳——右栽拳——左上勾拳

二、左右结合

1. 左摆拳——右摆拳

从左实战姿势开始,我左脚上步,以左摆拳击其头右侧,急接右摆拳击其头左侧,左拳护于下颌左侧(见图 5-7)。

要点:声东击西,左右互换。

图 5-7　左摆拳——右摆拳

2. 左直冲拳——右直冲拳

从左实战姿势开始,我左脚上步,以左直拳击其面部,急接右直拳击其面部,左拳护于下颌左侧(见图 5-8)。

图 5-8　左直冲拳——右直冲拳

要点:出拳快速有力,使其防不胜防。

3.左上勾拳——右上勾拳

从左实战姿势开始,我左脚上步,以左上勾拳击其腹部,急接右上勾拳击其腹部,左拳护于下颌左侧(见图 5-9)。

图 5-9　左上勾拳——右上勾拳

要点:上勾拳短促有力。

4.左摆拳——左弹拳——右鞭拳

从左实战姿势开始,左脚上步,左摆拳击其头右侧,接左弹拳击其头左侧;随即以左腿为轴,身体向右后转180°,带动右臂向右后横向鞭打其头右侧,拳眼向上,力达拳背。如图 5-10 所示。

图 5-10　左摆拳——左弹拳——右鞭拳

要点：转身时支撑腿蹬直，头向上顶，借转体的惯性，右前臂加速鞭打，放长击远。

用途：用于连续攻击对方头部。

5. 右摆拳——右弹拳——左鞭拳

从左实战姿势开始，左脚上步，右摆拳击其左脸，接右脚上步以右弹拳击其右脸；随即以右腿为轴，身体向左后转 180°，带动左臂向左后横向鞭打其左脸部，拳眼向上，力达拳背。如图 5-11 所示。

图 5-11　右摆拳——右弹拳——左鞭拳

三、横直结合

1. 左直冲拳——左摆拳

双方从左实战姿势开始，我用左直冲拳击对方面部，对方向后躲闪防拳，此时对方右脸暴露，我急左脚上步，以左摆拳击其头部右侧。反之，左摆拳接左直冲拳。

如图 5-12所示。

图 5-12　左直冲拳——左摆拳

要点：

(1)左直冲拳为左摆拳做引拳，不必太用力，左摆拳则迅猛出击。

(2)出拳要结合步法。拳谚说："脚手齐到方为真。"步法是一切动作的先导。

用途：打击对方头部。

2.右直冲拳——左摆拳

双方从左实战姿势开始，我左脚上步，用右直冲拳攻击对方面部，对方向后躲闪防拳，我急向左滑步用左摆拳击其头部右侧，右拳护于下颌右侧。反之，左摆拳接右直冲拳。如图 5-13 所示。

图 5-13　右直冲拳——左摆拳

3.右摆拳——左直冲拳

双方从左实战姿势开始，我左脚上步，用右摆拳攻击对方头部左侧，对方左手挂挡防拳，我急左脚上步用左直冲拳击其脸部，右拳护于下颌右侧。反之，左直冲拳接右摆拳。如图 5-14 所示。

图 5-14　右摆拳——左直冲拳

第二节　腿法进攻组合

一、单腿连击技术

1. 右丁腿——右侧踹腿

双方从左实战姿势开始,我以右丁腿攻击其左小腿骨,右脚不落地,接右侧踹腿攻击其腹部。如图 5-15 所示。

图 5-15　右丁腿——右侧踹腿

要点:丁腿接侧踹腿要快,使其防不胜防;侧踹腿力从腰发。

2. 左铲腿——左侧踹腿

双方从左实战姿势开始,我以左铲腿攻击其左小腿或膝,左脚不落地,接左侧踹腿攻击其腹部。如图5-16所示。

图5-16 左铲腿——左侧踹腿

要点:铲腿为引腿,可以不用力,侧踹腿则要迅猛出击。

3. 右勾踢腿——右侧踹腿

(1)双方从左实战姿势开始,我以右勾踢腿攻击其左膝窝,随即以右侧踹腿攻击其右腿内侧。如图5-17所示。

图5-17 右勾踢腿——右侧踹腿(1)

(2)双方从左实战姿势开始,我以右勾踢腿攻击其左脚后跟,对方提膝躲闪,我急以右侧踹腿攻击其腹部。如图5-18所示。

图 5-18　右勾踢腿——右侧踹腿(2)

要点:右勾踢腿不可预摆,右侧踹腿要迅猛。

4.右蹬腿——右后撩腿

双方从左实战姿势开始,我以右蹬腿攻击其胸腹部,随即身体向左后转身180°,右脚前脚掌落地,接右后撩腿攻击其裆部,目视对方。如图 5-19 所示。

图 5-19　右蹬腿——右后撩腿

要点:后撩腿直腿由下向上撩,力达脚跟。

5.右蹬腿——右后蹬腿

双方从左实战姿势开始,我以右蹬腿攻击其胸腹部,随即身体向左后转身,右脚前脚掌落地,以右后蹬腿攻击其腹、裆部,目视对方。如图 5-20 所示。

图 5-20　右蹬腿——右后蹬腿

要点：右后蹬腿由屈到伸向后上方蹬出，力达脚掌。

6. 右边腿——右侧踹腿

双方从左实战姿势开始，我以右边腿攻击其左大腿外侧，右脚不落地，接右侧踹腿攻击其腹肋部。如图 5-21 所示。

图 5-21　右边腿——右侧踹腿

要点：快击快收。

7. 右瞟腿——右侧踹腿

双方从左实战姿势开始，我以右瞟腿击其左膝外侧，右脚不落地，接右侧踹腿攻击其腹肋部。如图 5-22 所示。

图 5-22　右瞟腿——右侧踹腿

要点:右瞟腿击其膝外侧,顺势接右侧踹腿攻击。

8.右侧踹腿——右侧踹腿

双方从左实战姿势开始,我以右侧踹腿攻击其腹肋部,随即左脚垫步,第二次右踹腿出击。如图 5-23 所示。

图 5-23　右侧踹腿——右侧踹腿

二、双腿连击技术

1.左蹬腿——右侧踹腿

双方从左实战姿势开始,我以左蹬腿攻击其胸腹部,随即左脚落地,上体左转,以右侧踹腿攻击其腹部。如图 5-24 所示。

图 5-24　左蹬腿——右侧踹腿

要点:以左转身带动右腿踹击。

2.左蹬腿——右边腿

双方从左实战姿势开始,我以左蹬腿攻击其胸腹部,随即左脚落地,上体左转,以右边腿攻击其中盘。如图 5-25 所示。

图 5-25　左蹬腿——右边腿

要点:以左转身带动右腿横击。

3.左弹腿(或左蹬腿)——转身右横扫腿

双方从左实战姿势开始,我以左弹腿或左蹬腿攻击其裆部,随即我左脚落地,身体向右后转身 360°,以右横扫腿攻击其胸、头部。如图 5-26 所示。

图 5-26　左弹腿(或左蹬腿)——转身右横扫腿

要点:以转体带动右腿横打,腿要伸直,力达脚掌。

4.右蹬腿(或右弹腿)——转身左横扫腿

双方从左实战姿势开始,我以右蹬腿或右弹腿攻击其中盘,对方后退躲闪;随即我右脚落地,身体向左后转身,以左横扫腿攻击其上盘。如图 5-27 所示。

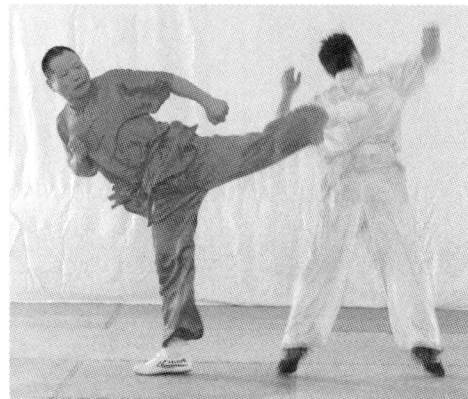

图 5-27　右蹬腿(或右弹腿)——转身左横扫腿

要点:以头领先转体,以腰带腿横打。

5.右侧踹腿——左弹腿

双方从左实战姿势开始,我以右侧踹腿攻击其腹部,随即右脚落地,身体右转,以左弹腿攻击其裆部。如图 5-28 所示。

图 5-28　右侧踹腿——左弹腿

6. 右截腿——左侧踹腿

双方从左实战姿势开始,我以右截腿攻击其膝部或小腿;对方躲闪防守。我随即右脚落地,上体右转以左侧踹腿攻击其腹部。如图 5-29 所示。

图 5-29　右截腿——左侧踹腿

要点:指下打上。

7. 右勾踢腿——转身左横扫腿

双方从左实战姿势开始,我以右勾踢腿攻击其左脚后跟,对方提脚躲闪并后退;随即我右脚落地,向左后转身以左横扫腿攻击其上盘。如图 5-30 所示。

图 5-30　右勾踢腿——转身左横扫腿

要点:右勾踢腿后顺势左后转身横扫腿。

8.右瞟腿——转身左侧踹腿

双方从左实战姿势开始,我以右瞟腿攻击其左膝外侧,对方躲闪防守。我右脚落地,顺势向左后转身以左侧踹腿攻击其中、上盘。如图 5-31 所示。

图 5-31　右瞟腿——转身左侧踹腿

要点:右瞟腿攻击其膝部,顺势向左后转身 180°,以左侧踹腿或左横扫腿攻击其上盘。

9.左铲腿——右腿前扫——左腿后扫——右边腿

双方从左实战姿势开始,我以左铲腿攻击其左膝,对方躲闪防守。我左脚落地,接右腿前扫其脚后跟;对方跃起躲闪。我顺势以左腿后扫其脚后跟;对方继续跃起躲闪。我身体起立,顺势以右边腿攻击其中、下盘。如图 5-32 所示。

图 5-32　左铲腿——右腿前扫——左腿后扫——右边腿

要点：前扫、后扫要迅猛，右边腿攻击其大腿外侧。

10. 右截腿——左铲腿——转身右后撩腿

　　双方从左实战姿势开始，我以右截腿攻击其左膝，对方躲闪防守。我右脚落地，接左铲腿攻击其左膝；对方继续躲闪防守。我急向右后转身，以右后撩腿攻击其裆腹部。如图 5-33 所示。

图 5-33　右截腿——左铲腿——转身右后撩腿

要点：

（1）右截腿攻击其小腿，可以同时左拍手攻击脸部，起指上打下作用。

（2）左铲腿接后撩腿要连贯、快速，后撩腿要挺膝。

第三节　手腿进攻组合

一、左直冲拳——右蹬腿

双方从左实战姿势开始,我以左直冲拳或右直冲拳攻击其面部,随即我以右蹬腿攻击其胸、腹部。如图 5-34 所示。

图 5-34　左直冲拳——右蹬腿

要点:指上打下。

二、左直冲拳——右边腿

双方从左实战姿势开始,我以左直冲拳攻击其面部,接右边腿攻击其左肋。如图 5-35 所示。

图 5-35　左直冲拳——右边腿

要点：视左击右。

三、左直冲拳——左侧踹

双方从左实战姿势开始，我以左直冲拳攻击其面部，接左侧踹腿攻击其腹部。如图 5-36 所示。

图 5-36　左直冲拳——左侧踹

四、左直冲拳——左铲腿

双方从左实战姿势开始，我左直冲拳攻击其面部，引诱其防上，随即我右脚垫步，以左铲腿攻击其左小腿。如图 5-37 所示。反之，左铲腿——左直冲拳。

图 5-37　左直冲拳——左铲腿

要点：指上打下，攻击小腿。

五、右直冲拳——右丁腿

双方从左实战姿势开始，我以右直冲拳攻击其面部，急以右丁腿攻击其左小腿。如图 5-38 所示。

图 5-38　右直冲拳——右丁腿

要点:指上打下。右直冲拳时眼看对方面部,诱其防上,然后冷不防地攻击其小腿骨。

六、左摔掌——左丁腿

双方从左实战姿势开始,我以左摔掌攻击其面部,随即我右脚垫步,以左丁腿攻击其左小腿。如图 5-39 所示。

图 5-39　左摔掌——左丁腿

七、左摆拳——右转身横扫腿

双方从左实战姿势开始,我以左摆拳攻击其头部右侧,随即我以左腿为轴,向右后转身 360°,以右横扫腿攻击其胸、头部。如图 5-40 所示。

图 5-40 左摆拳——右转身横扫腿

八、右截腿——右摆拳——左转身横扫腿

双方从左实战姿势开始,我以右截腿攻击左膝,同时左拍掌击其脸部,随即我右脚落地,左脚上步,以右摆拳攻击其左脸,对方后退躲闪,我急右脚上步,右腿为轴向左后转身360°以左横扫腿或侧踹腿攻击其上盘。如图5-41所示。

图 5-41 右截腿——右摆拳——左转身横扫腿

九、右摆拳——右边腿——左边腿

双方从左实战姿势开始,我以右摆拳攻击其头部左侧,接右边腿攻击其左肋,再接左边腿攻击其腹部。如图5-42所示。

184

图 5-42　右摆拳——右边腿——左边腿

要点:指上击下,视右击左。

十、右摆拳——右勾踢——右弹拳——左转身横扫腿

双方从左实战姿势开始,我以右摆拳攻击其头部左侧,随即以右勾踢腿攻击其左脚跟,右弹拳攻击其右脸,接左后转身以左横扫腿或侧踹腿攻击其上盘。如图5-43所示。

图 5-43　右摆拳——右勾踢——右弹拳——左转身横扫腿

第六章　快摔技术

激烈、精彩的快摔技术最具竞技性、观赏性。它包括主动摔、防守反击摔等,是战胜对方的重要技法,既可以极大地消耗对方体力,甚至使其失去战斗力,还可以给对方精神上造成打击,使之产生压抑、紧张、恐慌等消极影响,令对方不知所措,望而生畏。拳谚说:"远者拳打脚踢,近者贴身快摔","眼似闪电,手似箭;腰如盘蛇,脚似钻",讲得就是,快摔可使对方猝不及防。

从力学角度分析,欲将对方摔倒就必须首先缩小对方的基底范围(指两脚脚底和其间所张开的面积在地面上的垂直投影)和提高其重心高度,然后通过施加于对方身体的作用力,迫使对方摔倒。快摔技术讲究以快制胜,上下配合,避实就虚,声东击西,借力用力,发劲完整,以巧取胜才能技高一筹,顺其力而破之为巧,逆其力而破之为拙。

第一节　抱腿摔技术

一、抄腿上托

对方右蹬腿攻击我胸腹部,我向左滑步,同时左手由左向右上方从其小腿下侧弧形抄腿防守,右手抓握其脚掌,随即两脚猛力蹬地,同时两手托其腿向前上方发力,将其摔出。如图 6-1 所示。

图 6-1 抄腿上托

要点：力起于脚，传于腰，发于手。

二、抄腿引进

对方右蹬腿攻击我胸腹部，我向左滑步，同时左手由左向右上方从其小腿下侧弧形抄腿防守，右手抓其脚掌，随即右脚退步，重心右移，成右弓步，同时两手迅猛向后下方回拉其腿，引进落空，使其前倒。如图 6-2 所示。

图 6-2 抄腿回拉

要点：以腰的向右拧转带动两手回拉。

三、抱腿打腿

（1）对方左直冲拳攻击我头部，我下潜躲闪，左脚上步，两手抱住其左膝窝，左肩顶住其髋腹部，随即右脚上步，重心右移，左脚从其裆下插入，以左小腿后侧打其右小腿后侧，同时左手推击其胸部，将其摔倒。如图 6-3 所示。

图 6-3　抱腿打腿（1）

用途：

①对方进攻我上盘时，我下潜抱腿；

②我进攻其上盘，诱其防上时，我乘势抱腿；

③双方靠近格斗，我姿势较低时，我乘势抱腿。

防法：

①降低重心。对方未抱起时，我快速后腿后蹬，前腿前弓，臀部下沉，两臂下压，使之无法抱起。

②转体蹬腿。当对方未抱起时，我快速猛向右转体，左腿蹬直，随即猛向左转体，以右平勾拳击其面部；当对方抱起我前腿时，我将被抱起之腿伸直插入其两腿之间，同时猛向右转体，左腿用力下蹬，使脚落地。

（2）对方左直冲拳攻击我头部，我下潜躲闪，同时左脚上步，两手抱住其左膝窝，左肩顶住其髋腹部，随即右脚上步，重心右移，腰部挺直，将其左腿抱起，继之左脚从其裆下插入，以左小腿后打（回挂）其右膝窝，同时左肩靠击其胸部，将其摔倒。如图 6-4 所示。

图 6-4　抱腿打腿（2）

要点：

①两手抱腿要尽量向上用力，提高对方的重心，便于将其摔倒；打腿或挂腿时，脚不得触及地面，便于向后用力。

②左肩前靠，左腿回挂，腰向右拧，形成合力。

③头尽量靠紧对方的身体，以防对方用拳、肘回击。

四、抱腿腿别

对方左直冲拳攻击我头部，我下潜躲闪，左脚上步，两手抱住其左膝窝，左肩顶住其髋腹部，随即我右脚上步，左脚从其裆下插入其右脚后侧，以左腿别其右腿，同时左肩臂前撞，腰向右拧，重心右移，成右弓步，将其摔倒。如图 6-5 所示。

要点：别腿与撞肩形成合力。

图 6-5　抱腿腿别

五、抱腿侧摔

对方左直冲拳攻击我头部,我下潜躲闪,左脚上步,两手抱住其左膝窝,对方两手抱我后腰,随即我右脚上步,左脚向左开步别其右脚外侧,两手抱起其腿向左后上方提起,腰向左拧,将其向左侧摔倒。如图 6-6 所示。

图 6-6　抱腿侧摔

要点:蹬地、拧腰、提手协调一致。

六、抱腿过背

对方左直冲拳攻击我头部，我下潜躲闪，左脚上步，两手抱住其左膝窝，左肩顶住其髋腹部。当对方反抱我腰时，我乘势借力，立腰、后仰，同时两手向上、向后抱起，将其向后摔出。如图 6-7 所示。

图 6-7　抱腿过背

要点：乘势借力，立腰上举。

七、接腿过背

对方右蹬腿攻击我胸腹部，我向左滑步，左手由左向右上方从其小腿下侧弧形抄腿防守，右手合抱其腿，随即身体向右后转体，两手将其小腿抬至左肩，同时右脚向后背步（与左脚平行），两腿蹬直，上体前俯，臀部顶起，两手合力向前下方猛拉，将其向前摔出。如图 6-8 所示。

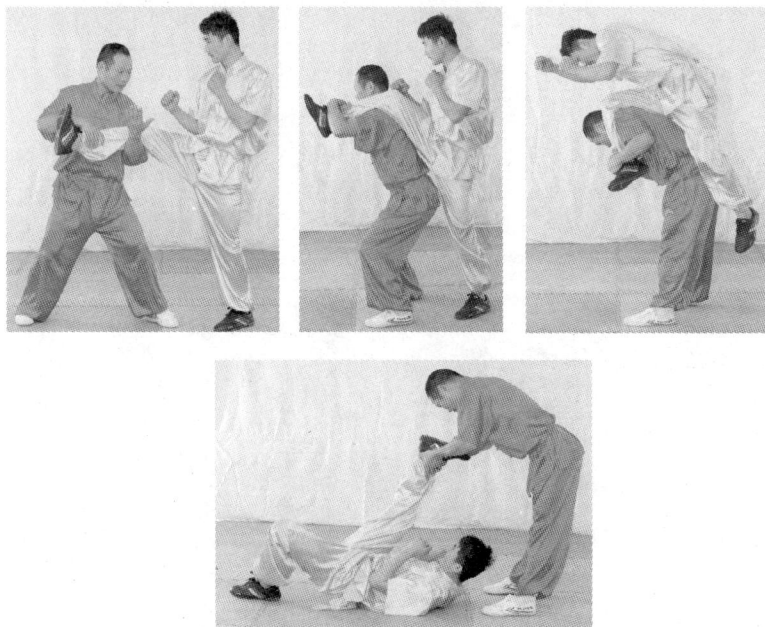

图 6-8　接腿过背

要点:两腿蹬直,上体前俯,两手猛拉,形成合力。

八、接腿勾踢

对方右边腿攻击我左肋,我用十字手防腿,左臂屈肘夹住并上托其小腿,随即右勾踢腿击其左脚外侧或脚后跟,同时右手由左向右下方搂拨其颈部右侧,腰向右拧,将其摔倒。如图 6-9 所示。

图 6-9 接腿勾踢

要点:左臂上托,右手搂颈,右脚勾踢,形成合力。

九、接腿打腿

对方右边腿攻击我左肋,我用十字手防腿,左臂屈肘夹托其小腿,随即右脚从其裆下伸入其左腿后侧并向后打腿,同时右手推其胸部,使其后倒。如图 6-10 所示。

图 6-10 接腿打腿

十、抄腿摆荡

对方左蹬腿攻击我胸腹部,我向左滑步,同时左手由左向右上方从其小腿下侧弧形抄腿防守,右手合抱脚掌,两手向右侧拉其脚,随即两手向下、向左上方弧形摆荡,将其摔倒。如图 6-11 所示。

图 6-11 抄腿摆荡

要点:抄腿、右拉、弧形摆荡连贯有力,以腰的拧转带动手的弧形摆动。

十一、抱腿手别

(1)对方左边腿攻击我右肋,我用十字手防腿,随即右手顺势抱其左小腿,左脚上步至其裆下或别其右脚,同时左手从其裆下插入别其右膝窝,上体右转、前俯,将其摔倒。如图 6-12 所示。

图 6-12　抱腿手别(1)

要点:插臂别膝,上体右转。

(2)对方左直冲拳攻击我头部,我下潜躲闪,随即左脚上步,左肩顶住其胸腹部,同时右手从其左腿外侧搂抱其左膝窝,左手臂内旋从其裆下插入别其右膝窝,以猛向右转体的力量带动左肩前顶,将其摔倒。如图 6-13 所示。

图 6-13　抱腿手别(2)

要点:两手回拉,左肩前顶,形成合力。

十二、抱腿搂腿

对方左边腿攻击我右肋,我用十字手防腿,右手顺势抱其左小腿,随即右脚上步,左腿屈膝提起,左小腿经其右腿外侧缠绕至后侧,由前向后(由外向里)勾挂其膝窝即以腿搂腿,同时以左横肘攻击其右胸部,使其后倒。如图 6-14 所示。

图 6-14 抱腿搂腿

要点:左小腿向后勾挂,左横肘向前顶撞,形成合力。

十三、插臂靠摔

对方右直冲拳击我头部,我左手从其右臂内侧抓采其小臂或腕,随即右脚从其左脚外侧上步,别其左腿,同时重心下沉,右手臂从其裆下插入搂抱其右腿,上体右倾并后仰贴靠击其胸腹部,将其摔倒。如图 6-15 所示。

图 6-15 插臂靠摔

要点:插臂抱腿快速,肩背靠击有力。

十四、抱腿扛摔

对方右摆拳击我头部,我左手从其右臂内侧抓采其肘或小臂,同时右直冲拳击其脸,随即右脚上步插入对方裆下,右腿前弓,上体前俯,右手从其裆下插入抱其右腿根部,右肩顶其髋腹,瞬间立腰、两腿蹬直,同时左手后拉,右手上掀,腰向左拧,用右肩将其扛起摔倒。如图 6-16 所示。

图 6-16　抱腿扛摔

要点:击脸突然,使其防不胜防;抱腿上掀,左手后拉、右肩扛起形成合力。

十五、搂腿推胸

(1)对方左直冲拳击我头部,我迅速下潜躲闪(或左臂屈肘,小臂内旋上架防拳),随即左脚上步,右手从其左腿外侧搂抱其膝窝,同时左手推其胸、颈部,使其后倒。如图 6-17 所示。

图 6-17　搂腿推胸(1)

要点：

①搂腿与推胸同时用力，形成合力。

②既可用于防守反击摔，也可用于主动快速摔。

(2)对方左直冲拳击我头部，我右臂屈肘，小臂内旋上架防拳，随即右脚上步，右手从其左腿外侧搂抱其膝窝，同时左手推其胸、颈部，使其后倒。如图 6-18 所示。

图 6-18　搂腿推胸(2)

要点：下搂上推，上下相随，协调一致，发劲完整。

防法：

①脚下生根。对方右手搂抓我左膝时，我后腿蹬直，前腿前弓，重心前移，使之难以搂抱。

②外挂防抓。对方右手搂抓我左膝时，我左手握拳沿其右臂内侧由上向下、向左斜下方挂挡防抓。

③掖拳击裆。对方右手搂抓我左膝时，我身体右转，重心右移，左脚跟掀起，同时以左掖拳击其裆部。

④弹腿踢裆。对方右手搂抓我左膝时，我迅速以左弹腿踢其裆部。

十六、抱腿拉肩

对方左摆拳击我头部，我迅速下潜，左脚上步插入其裆下，右脚跟进，左肩向上顶住其左腋，胸腹部贴紧对方，同时右手从其左腿外侧搂抱其膝窝，左手抓其右肩，随即左手向左下方拉其右肩,右手向右上方提其左膝,两腿蹬直,上体左转,将其摔倒。如图 6-19 所示。

图 6-19　抱腿拉肩

要点:

(1)近身时左肩向上顶住其左腋,胸腹部贴紧对方;

(2)左手下拉,右手上提,腰向左拧,形成合力。

十七、接腿挫压

对方用右边腿攻击我左肋,我用十字手防腿,左臂屈肘夹托其小腿,随即右脚上步插入其裆下或别其左脚,同时右手掌按住其右大腿内侧,猛力向左前下方按压,腰向左拧,重心左移,将其摔倒。如图 6-20 所示。

图 6-20　接腿挫压

要点:以腰的向左拧转带动右手滚压,发劲完整。

十八、抱腿肩顶

从左实战姿势开始,对方左直冲拳攻击我头部,我下潜躲闪,左脚上步,两手分别从其两腿外侧抱其膝窝并用力回拉,同时左肩顶撞其髋腹部,使其后倒。如图 6-11 所示。

图 6-21　抱腿肩顶

要点：

(1)两手回拉,左肩顶撞,形成合力。

(2)既可用于防守反击摔,也可用于主动快速摔。

十九、抱腿过胸

对方左直冲拳攻击我头部,我下潜躲闪,左脚上步,两手分别从其两腿外侧抱其膝窝,同时左肩顶住其髋腹部,对方前冲并抱我后腰,我乘势借力,蹬腿、立腰、后仰,将其抱起,当超过自己身体垂直面时,空中向左拧腰翻身,将其摔倒。如图 6-22所示。

图 6-22　抱腿过胸

要点:两腿蹬地,立腰后仰,空中翻身,一气呵成。

二十、托手撮脚

对方右脚上步,以右直拳击我面部;我右前臂内旋,右手从其臂外侧托抓其肘或前臂;同时左脚上步,左手从其右腿外侧搂抱其膝部。随即我上体前靠,将其摔倒;或右手接住其右腿,左手猛推其胸,使其后倒。如图 6-23 所示。

图 6-23　托手撮脚

二十一、上裹下扫

对方左脚上步,以右直拳攻击我头部,我左手从其臂内侧抓采其肘或腕部;随即右脚上步,插入其两脚之间,右腿前弓,右臂内旋,右手从其左腿内侧搂抱其膝窝。顺势右手上提,左手引进,腰向左拧,形成合力,将其摔倒。如图 6-24 所示。

图 6-24　上裹下扫

要点:以腰向左拧带动左手向左下方引进,右手向右上方牵动,形成旋转力。

第二节　其他摔技术

一、夹颈别腿

对方左蹬腿或左侧踹腿攻击我腹肋部,我右斜步,左手由上向下、向左后方搂拍其小腿或踝关节处防腿,随即左脚上步至其右脚后侧,以左直腿后撑别其右腿,同时左臂屈肘由左向右撞搂其颈部,上体前俯,腰向右拧,重心右移,将其摔倒。如图 6-25 所示。

图 6-25　夹颈别腿

要点:夹颈带撞,别腿带打,上下配合,形成合力。

二、夹颈打腿

对方右摆拳击我头部,我左手从其臂内侧抓采其小臂或肘防拳,右脚上步到对方右脚前并向左后转体,左脚背步与右脚平行,两腿微屈,同时右手臂从右向左搂夹其颈部,臀部右侧顶住其腹部;随即两腿蹬直,以腰向左拧转带动右小腿向后上方打其右小腿,左手抓拉其右臂向左后方用力,右臂搂夹其颈向左下方用力,将其摔倒。如图 6-26 所示。

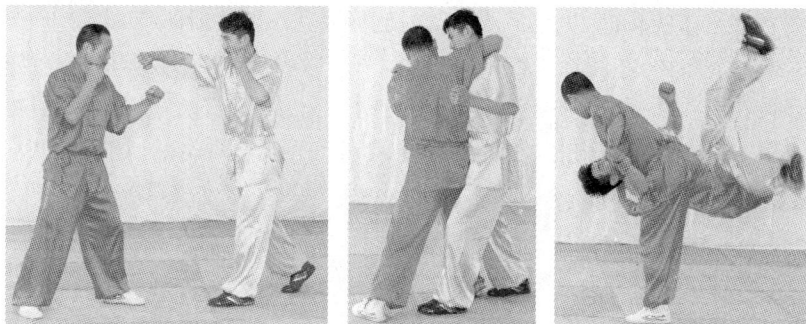

图 6-26　夹颈打腿

要点:以腰向左拧转带动右腿后打和两手搂拉。

三、抱腰背摔

对方右摆拳击我头部,我左手从其臂内侧抓采其小臂或肘防拳,右脚上步到对方右脚前并向左后转体,左脚背步与右脚平行,两腿微屈,同时右手从其左侧搂抱其腰背,随即两腿蹬直,臀部顶起,腰向左拧,上体前俯,两手合力,将其背起摔倒。如图 6-27 所示。

图 6-27　抱腰背摔

要点:抱腰后两腿蹬直,臀部顶起,腰向左拧,形成合力。

四、抱腰打腿

对方右摆拳击我头部,我左手从其臂内侧抓采其小臂或肘防拳,右脚上步到对方右脚前并向左后转体,左脚背步与右脚平行,两腿微屈,同时右手从其左侧搂抱其腰背,随即两腿蹬直,以腰向左拧转带动右小腿向后上方打其右小腿,左手抓拉其右臂向左后方用力,右臂搂抱其腰向左上方用力,上体前俯,将其摔倒。如图 6-28 所示。

图 6-28　抱腰打腿

五、拉臂过背

对方右摆拳击我头部,我左手从其臂内侧抓采其小臂或肘防拳,右脚上步,右手从其右腋下插入搂抱其大臂根部拉至右肩,随即身体左转,左脚背步与右脚平行,两腿蹬直,臀部顶起,上体前俯,两手合力向前下方猛拉,将其向前摔出。如图 6-29 所示。

图 6-29　拉臂过背

要点:两腿蹬直,臀部顶起,上体前俯,两手猛拉,形成合力。

六、抱腰过胸

对方右直冲拳击我头部,我下潜躲闪,避其拳锋,随即左脚上步,两手分别从其左、右腋下穿过,搂抱其腰,随即两腿猛力蹬直,头向后仰,将其抱起,当身体后倒超过垂直面时快速向左转体、翻身,将其压于身下。如图 6-30 所示。

图 6-30　抱腰过胸

要点:力起于脚,传于腰,发于手,用爆发力。

七、后抱过胸

对方左直冲拳击我头部,我右滑步,左手从其臂外侧抓采其小臂或腕,右脚快速上步至其右脚后侧,左脚跟进,两腿屈膝半蹲,右手从其右腋下插入抱其腰,同时左手从其左腋下插入抱其腰,随即两腿蹬地发力,上体后仰,将其抱起,当身体后倒超过垂直面时快速向左转体翻身,将其压于身下。如图 6-31 所示。

图 6-31　后抱过胸

要点:抱腰要紧,蹬地要猛,翻身要快。

八、劈拳靠摔

对方左直冲拳击我头部,我用右劈拳反击其左拳或小臂,随即右脚上步,别其左腿,同时用右肩臂靠击其胸部,右拳以拳背领先向右上方鞭打,腰向右拧,重心右移,将其摔出。如图6-32所示。

图 6-32　劈拳靠摔

要点:右膝内扣,肩臂靠击,形成合力。

九、抓腕靠摔

对方右脚上步,用右直冲拳击我头部,我左斜步,右手从其臂外侧抓采其小臂或腕防拳,随即左脚上步,别其右腿;左手从其右腋下穿过,用左肩臂靠击其胸部,同时左手在其胸前按掌,前臂内旋,力达掌根,腰向左拧,重心左移,使其后倒。如图6-33所示。

图 6-33　抓腕靠摔

要点：左膝内扣，肩臂靠击，腰向左拧，形成合力。

十、搂颈勾踢

对方右摆拳或直拳击我头部，我左手从其臂内侧抓采其小臂或腕防拳，随即右手前伸至其颈部右侧由左向右下方搂拨，同时右脚勾踢其左脚踝关节处，将其摔倒。如图 6-34 所示。

图 6-34　搂颈勾踢

要点:搂拨颈部(或从右腋插入搂拍其后肩背),配合右脚勾踢,形成合力。

十一、抱腰拉腿

对方右脚上步,用右直冲拳击我头部,我下潜躲闪,随即左脚上步,左手臂绕过其后背环抱其腰,同时右手从其右腿内侧抱住其右膝窝,继之蹬腿挺腰将其抱起,使之身体向一侧横倾,将其摔地。如图 6-35 所示。

图 6-35 抱腰拉腿

要点:

(1)一臂抱腰,一臂抱腿,抱腿的手用力上提,使其两脚离地,身体横倾;不可使其一脚落地,彼不倒地,己不松手。

(2)头尽量靠紧对方身体,以防对方拳、肘攻击。

防法:

(1)屈膝下蹲。对方伸手抱腰时,迅速屈膝下蹲,降低重心,使己臀部低于彼臀部,使其难抱。

(2)迅速转体。若对方伸左手抱腰时,迅速向右转体;若对方伸右手抱腰时,迅速向左转体,使其难抱。

(3)夹颈缠腿。对方将我抱离地面时,我上用右手臂环抱其颈,下用右腿由前向右、向后缠绕其左腿,使其难摔。

十二、锁脚一闭

对方左脚上步，以右直拳攻击我头部，我两手从其臂外侧抓采（或折手、勾手）并向右下方引进；同时右脚脚尖内扣，向前别住或勾住其左脚后跟；随即我两手封住其右臂向前猛推，将其发放。如图6-36所示。

图 6-36　锁脚一闭

要点：勾手引进与上步锁脚同时完成；两手猛推，发劲完整。

十三、双倒肚

（1）对方正面抱我上体（包括两臂），随即我重心下降防止被抱起，同时两手插入其裆下猛力向前上方搬起，左肩前顶，使其后翻。如图6-37所示。

图 6-37 双倒肚(1)

要点：两手上抬，上体前靠，如搬物体。

（2）对方左脚上步，右直拳击我头部，我左拳上架防拳，随即左脚上步别其右脚，两手插入其裆下猛力向前上方搬起，同时左肩前顶其胸腹部，使其后翻。如图6-38所示。

图 6-38 双倒肚(2)

十四、扭手别脚

对方左脚上步，以左直拳击我面部。我左手从其臂外侧抓采其腕，右手合抓握其腕；同时左脚上步，脚尖外展，别住其左脚后侧，两手合力从左向下、向右上方扭转，使其臂抡立圆，同时右脚上步，右腿屈膝半蹲，左腿蹬直，成右弓步，将其摔倒。若我两手拉不动其臂，随即我右臂屈肘以右肘横击其左软肋（或以右肘靠击其肘外侧，反其关节）。如图6-39所示。

图 6-39　扭手别脚

十五、水底捞月

对方右脚或左脚上步，以右直冲拳击我头部，我迅速下潜躲闪（或左臂屈肘，小臂内旋上架防拳），随即左脚上步，右手从其裆下伸入，手心向上抓其裆部回拉，同时左手前推其胸部，左腿蹬直，右腿侧弓，腰向右拧，将其摔倒。如图 6-40 所示。

图 6-40　水底捞月

要点：抓阴回拉，左手前推，形成合力；即使对方没倒地，也因阴部疼痛失去攻击能力。

第三节　破抱摔技术

一、搂腿折腰

从双方相互抱腰开始，我右腿屈膝提起，小腿由前向后勾挂其左腿（以腿搂腿），随即左脚蹬地发力，上体前压其胸，使其后倒。如图 6-41 所示。

图 6-41　折腰搂腿

要点：小腿勾挂，上体前压，形成合力。

二、拉臂过背

对方从我身后抱我上体（两臂被抱），我两腿屈膝半蹲，重心下沉，两臂屈肘、外撑，上体左转以左肘击其腹部，同时右手将其右臂抱于右肩，随即两腿蹬直，上体前俯，臀部顶起，左手合抓其右手臂，使其从我背上摔出。如图 6-42 所示。

图 6-42　拉臂过背

要点：臀部顶起，上体前俯，两手猛拉，协调一致。

三、压颈托膝

从左实战姿势开始，我左直冲拳击对方头部，对方下潜两手抱我左腿，我左手按压其后颈，右手从其左腿外侧上托其膝窝（或从其后侧裆下插入搂抱其左腿膝部并上掀），腰向左拧，将其摔倒。如图 6-43 所示。

图 6-43　压颈托膝

要点：下按颈部，上托膝窝，形成合力。

四、托膝拨腰

对方右臂夹抱我颈部，左手抓住我右上臂，我随即屈膝下蹲，重心下沉，左手从其身后搂抱其腰，以向左拧腰带动左手向左后方拨腰，同时右手从其右膝后侧抄腿上托，将其掀翻。如图 6-44 所示。

图 6-44　托膝拨腰

要点：两腿蹬直、腰向左拧，左手向左后方拨腰，右手向左上方托膝，形成合力。

五、仰撞搬腿

对方从身后抱我腰，我急头后仰撞击敌脸部，随即上体前俯，两手从自己裆下插入合抱敌右脚跟或左脚跟向上搬起，同时臀部后坐，压住其膝关节，使其后倒。如图 6-45 所示。

图 6-45 仰撞搬腿

要点:两手搬足与臀部后坐,形成合力。

六、抱腰侧翻

从左实战姿势开始,对方左脚上步,两手抱我左腿,我右腿蹬直,左腿前弓,重心下降,防止被抱起,随即上体前俯,两手合抱其后腰背向右侧翻动,同时右脚向右侧开步,重心右移,腰向右拧,将其摔倒。如图 6-46 所示。

图 6-46 抱腰侧翻

七、防抱反击

(1)从左实战姿势开始,对方左脚上步,两手准备抱我双腿或单腿,我急速以上勾拳、平勾拳、直拳、掖拳等拳法或各种肘法、腿法反击其上盘、中盘防抱。如图 6-47所示。

图 6-47　防抱反击(1)

(2)对方两手准备抱我右膝部,我两手同时从膝两侧向下折手,击其两腕。如图 6-48 所示。

图 6-48　防抱反击(2)

(3)对方抱住我右腿,我两拳从两侧向前贯出,攻击其头两侧;随即两拳下垂,以拳面领先向前撞击面部,使其防不胜防。如图 6-49 所示。

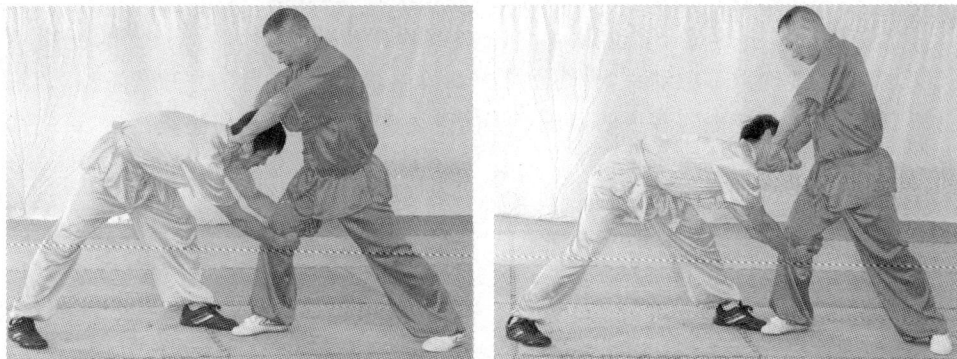

图 6-49　防抱反击(3)

第六章

快摔技术

第七章　擒拿技术

擒拿技术是武术踢、打、摔、拿等攻防技术的重要内容之一。古文中说："擒者，捉也"，"拿者，牵引也"。可见，擒拿是指擒敌身体的某一部位，使其关节受制，失去反抗能力而就擒，达到制其局部镇服周身之奇效。

关节是人体的要害部位（指人体中不堪承受外力打击和挤压的部位），是骨骼和运动的枢纽，其活动范围有大有小，如腕关节的活动范围较大，如前屈、后伸、内收、外展及旋转运动；肘关节的活动范围较小如屈伸运动。但无论关节的活动范围有多大，如果超过关节的活动范围，用力卷曲、反折、反拧、缠丝等轻则脱臼、韧带撕裂，重则骨折或顷刻丧命。如对敌颈椎猛力扳拧，很容易造成颈椎骨折、脱位，压迫脊髓神经引起四肢麻痹、高位截瘫，甚至致命。擒拿技术正是利用关节的薄弱环节，打击要害，制服对方。若抓拿准确，一招制敌；若抓拿不准，失势失法，手足无措，必遭反擒，差之毫厘，失之千里。

擒拿技术在瞬息万变的复杂形势中进行，可以配合踢、打、摔等动作，以灵活多变的步法、巧妙娴熟的手法、协调灵便的身法和顽强拼搏的精神战胜对方。其技术和战术特点是：抓筋拿穴，扭挫关节，曲折运动，缠绕变化，手拿脚绊，上下相随，直来横取，横来直破，急来急应，缓来缓随，顺人之势，借人之力，上惊下取，声东击西，随机应变，以巧取胜，劲力不显，行踪不露，其动文雅，其效剧烈。

力是擒拿技击的基础。俗话说："千狠万狠，力是根本"，"百巧百能，无力不行"。习武者要注重基础训练，提高功力。拳谚说："比武碰了钉，方知艺不精"，"练武不刻苦，纸上画老虎"，都说明基础训练的重要性。习武者在切磋武艺时，讲究武德，点到为止，保护对方，尊重他人。

第一节 拿上肢技术

一、破抓头发

1. 破前抓发——压肘

对方用左手从正面抓我头发，我左脚后撤，左手按压其左手，四指尖端弯曲扣入其掌（小指一侧），头部上顶并后仰，以拉直和固定其手臂，随即上体猛向左转，重心左移，同时右手从其臂外侧抓按其肘并向左下方拧压，使其肘关节受制。如图 7-1 所示。

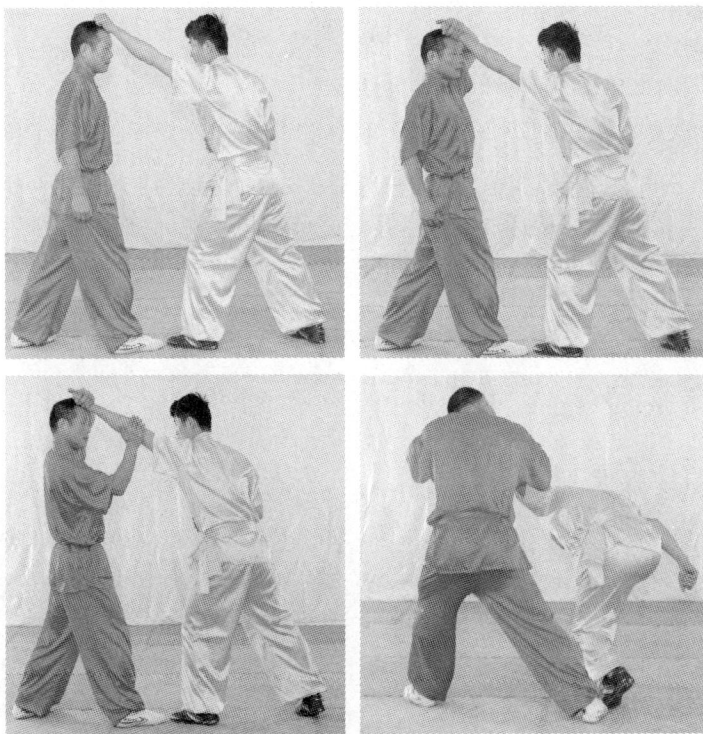

图 7-1　破前抓发——压肘

要点：上体猛向左转与右手拧压协调一致，形成合力。

2.破前抓发——折腕

对方用左手从正面抓我头发,我左脚后撤,两手重叠(左手在下,右手在上)按压其左手背,头部上顶并后仰,以拉直和固定其手臂,随即上体迅猛前俯,以两掌掌根为力点,折其腕关节。如图 7-2 所示。

图 7-2　破前抓发——折腕

要点:借助上体迅猛前俯的力量折其腕。

3.破前抓发——切腕

对方用左手从正面抓我头发,我左脚后撤,两手重叠(左手在下,右手在上)抓按其左手背,右手以掌根为力点,贴靠其腕关节小指一侧,头向上顶并后仰,以拉直和固定其手臂,随即上体猛向左转,重心左移,右掌根切其腕关节小指一侧,使其腕关节受制。如图 7-3 所示。

图 7-3　破前抓发——切腕

要点:以上体左转的力量带动右掌切腕。

4.破后抓发——托肘

对方用右手从身后抓我头发,我右手抓压对方右手,头向上顶,以拉直和固定其手臂,同时右脚上步,上体左转,左手由下向上托其右肘,使其肘关节受制。如图 7-4 所示。

图 7-4 破后抓发——托肘

要点:托肘之力起于脚,传于腰,发于手。

5.破后抓发——压肘

对方用右手从身后抓我头发,我右手抓压其手,右脚上步,上体微左转,拉直其臂,同时左臂屈肘从其臂外侧由下向上缠绕其肘部,随即腰向右拧,重心右移,向下压肘,使其肘关节受制。如图 7-5 所示。

图 7-5 破后抓发——压肘

要点:压肘迅猛,发劲完整。

二、破抓肩膀

1.破前抓肩——拧臂踹腿

对方用左手抓我右肩,我两手虎口相对合抓其肘部,随即上体左转、左倾,以右侧踹腿击其左肋,同时两手合力拧转其臂(右手内旋、左手外旋),反其肘关节。如图7-6所示。

图7-6　破前抓肩——拧臂踹腿

要点:两手拧转其臂并回拉,同时右侧踹腿击其左肋,形成合力。

2.破前抓肩——切腕

对方右手抓我左肩,我右手抓按其右手,随即左臂从后向上、向前、向下绕环,以大臂根部挤压其腕关节小指一侧,同时右手大拇指推压对方右手拇指或食指,右脚后撤,腰向右拧,重心右移,含胸收腹,切其腕关节。如图7-7所示。

图7-7　破前抓肩——切腕

要点:

(1)为固定其右手,我右手四指和拇指尽量屈指扣抓其手掌。

(2)以向右拧腰劲带动左摆臂。

3. 破后抓肩——切腕

对方右手从身后抓我右肩，我用左手抓按其右手，随即上体向右后转180°，同时右臂从前向上、向后、向下绕环，以大臂根部挤压其腕关节小指一侧，使其腕关节受制。如图 7-8 所示。

图 7-8　破后抓肩——切腕

要点：固定其手，边转身边摆臂切其腕。

4. 破后抓肩——压肘

对方右手从背后抓我左肩，我右手抓按其右手，右脚上步，上体左转，拉直其臂，随即左臂屈肘从其臂外侧由下向上缠绕其右臂肘部，腰向右拧，重心右移，向下压肘，使其肘关节受制。如图 7-9 所示。

图 7-9　破后抓肩——压肘

要点：以拧腰劲带动左臂压其肘，发劲完整。

三、破抓衣领

1. 破抓前衣领——剪肘

对方右手抓我前衣领，我用右手扣抓其右手，随即右脚撤步，上体右转，拉直其臂，同时左手向右下方拧压其右肘外侧，形成剪肘。如图 7-10 所示。

图 7-10　破抓前衣领——剪肘

要点：以拧腰劲带动左手拧压肘关节。

2. 破抓前衣领——靠肘

对方右手抓我前衣领，我用右手抓扣其右手，固定其手，随即右脚撤步，上体右转，右手拧转其手腕，使其右臂内旋（反其肘关节），同时左胸靠击其肘部，使其肘关节受制。如图 7-11 所示。

图 7-11　破抓前衣领——靠肘

3. 破抓前衣领——卷腕

（1）对方右手抓我衣领，我左手抓扣其右手，四指尖端弯曲从其拇指一侧扣入其掌心，拇指压其掌背，随即左脚后撤，腰向左拧，重心左移，左手向左拧翻其手，右手配合拧翻，两大拇指向前推压其手背，四指向后扣压其腕，形成卷腕。如图 7-12 所示。

图 7-12　破抓前衣领——卷腕(1)

要点：

①抓扣要紧，翻掌要快，卷腕要猛。

②拇指向前用力，四指向后用力，合力卷其腕。

(2)对方右手抓我衣领，我右手扣抓其右手，四指尖端弯曲从其小指一侧扣入其掌心，拇指压其掌背，随即右脚后撤，腰向右拧，重心右移，右手向右拧翻其手，左手配合拧翻，两大拇指向前推压其手背，四指向后扣压其腕，形成卷腕。如图 7-13 所示。

图 7-13　破抓前衣领——卷腕(2)

要点：同(1)。

4.破抓后衣领——托肘

对方右手抓我后衣领，我右手按压其右手，右脚上步，上体前倾，拉直其臂，同时左手由下向上托其肘尖，上体左转，使其肘关节受制。如图 7-14 所示。

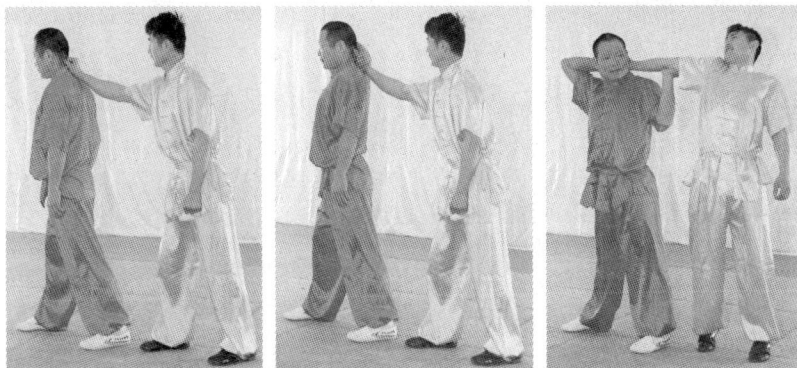

图 7-14 破抓后衣领——托肘

要点:托肘力从腰发,用爆发力。

5.破抓后衣领——压肘

对方右手抓我后衣领,我右手抓按其右手,右脚上步,上体前倾,拉直其臂,上体左转,左臂屈肘从其臂外侧由下向上缠绕其右肘部,随即腰向右拧,重心右移,向下压肘,使其肘关节受制。如图 7-15 所示。

图 7-15 破抓后衣领——压肘

要点:以拧腰劲带动压肘,用爆发力。

四、破抓手腕

1.破抓手腕——弧形插掌

我用右劈拳击对方头部,对方右手虎口向上抓握我右腕,我右手向前下方圆弧发劲或弧形向前下方插掌,化解其力。如图 7-16 所示。

图 7-16　破抓手腕——弧形插掌

2. 破抓手腕——小缠丝

对方右手抓我右手腕,我左手虎口展开(四指在上,拇指在下)抓采我自己的右手腕包括其右手指在内,随即右手以掌外沿(小指一侧)领先绕其腕由左向上、向右下切其腕,同时左肘由上向下压其肘,右脚后撤,重心后移,腰向右拧,使其腕、肘关节受制。如图 7-17 所示。

图 7-17　破抓手腕——小缠丝

要点:右掌缠绕其腕下切,可以使其断腕;左肘下压其肘,可以使其断肘。动作要配合步法、身法,内外合一,发劲完整。

3. 破抓手腕——脱虎口

对方右手抓我左手腕或小臂,我左手握拳,左小臂边外旋、边向上屈肘,小臂垂直,拳心向内,拳面向上,脱其虎口。如图7-18所示。

图7-18 破抓手腕——脱虎口

4. 破双手抓腕——脱虎口

对方双手合抓我右小臂或腕,我左手抓抱自己的右拳拳面,两手合力使右臂屈肘回收至胸前,脱其虎口。如图7-19所示。

图7-19 破双手抓腕——脱虎口

5. 破抓手——撅指

从双方右手互握开始,我右手虎口前推,四指上挑,掌外沿(小指一侧)压其腕上侧,同时拇指下压其拇指,右小臂内旋,右手向前、向下、向后弧形牵动,撅其拇指。如图 7-20 所示。

图 7-20　破抓手——撅指

要点:右手紧紧抓握其拇指,防止其脱离;以拇指推压其拇指时发整劲。

6.破抓手——托肘折腕

从双方右手互握开始,我右脚后撤,腰向右拧,重心后移,同时左手上托其右肘,右手下滑抓采其右手四指下压,以此断其肘。如果对方反抗,我右手抓采其右手四指向上用力(沉腕挑手)继续折压,卷屈(反关节折叠)其手腕,使其掌心向上,小臂垂直。如图 7-21 所示。

图 7-21　破抓手——托肘折腕

要点:向上托肘,向下压指,形成合力。继续卷屈其手腕时,左手固定其肘部。

7.破抓手——吞手

对方左手抓住我右手腕,我左拳沿右前臂下侧向前、向上横格,同时右臂外旋抽回。如图 7-22 所示。

225

第七章　擒拿技术

图 7-22　破抓手——吞手

五、破抓肘部

1. 破抓肘部——脱虎口

对方左手抓我右肘,我右臂向左屈臂横肘,脱其虎口。如图 7-23 所示。

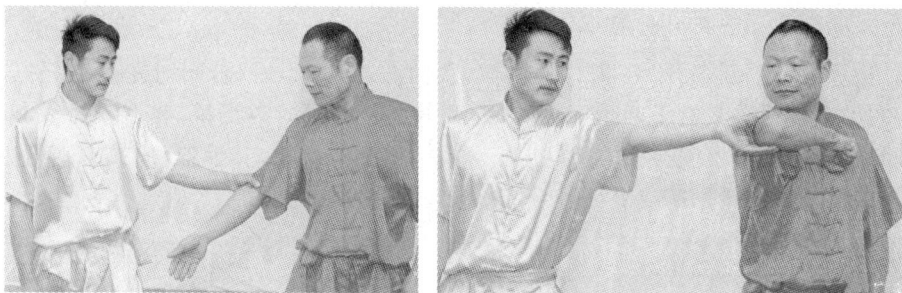

图 7-23　破抓肘部——脱虎口

2. 破抓肘部——卷腕

对方左手抓我右肘外侧,我右前臂上屈,左手从下向上托抓其左腕,同时右手后撤,右脚后撤,随即右掌推击其左手背,卷其腕。如图 7-24 所示。

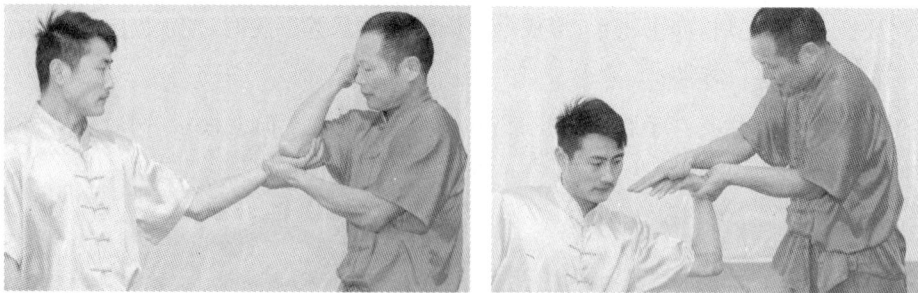

图 7-24　破抓肘部——卷腕

要点:推掌卷腕时发整劲。

六、破抓腰带

1.破前抓腰带——别肘

对方右手手心向下抓我腰带,我右手抓按其右手腕,随即左脚上步,左手从其右臂腋下插入按其胸腹部,同时上体右转,腰向右拧,左臂内旋别其右肘,右手外旋拧其腕,使其肘关节受制。如图 7-25 所示。

图 7-25　破前抓腰带——别肘

要点:右手外旋拧其腕,左臂内旋别其肘,形成合力。

2.破前抓腰带——勒肘

对方右手手心向上抓我身前腰带或衣服,我右手抓按其右手,四指扣抓其掌背,大拇指扣入其掌心,固定其手;随即右脚撤步,上体右转,同时左臂从其右臂外侧由下向上、由外向内屈臂,以肘窝夹击其肘尖;右手沉腕、挑手折其腕,使其肘、腕关节受制。如图 7-26 所示。

图 7-26　破前抓腰带——勒肘

要点:腰向右拧转带动左臂屈肘夹击;右手沉腕挑手使其右手掌下压、腕部上弓,折其腕部,两手形成合力。

3.破前抓腰带——端肘

对方右手手心向上抓我身前腰带或衣服,我两手抓托其右肘部用劲上端并向里拉,同时右脚后撤,重心后移,使其肘关节受制。如图 7-27 所示。

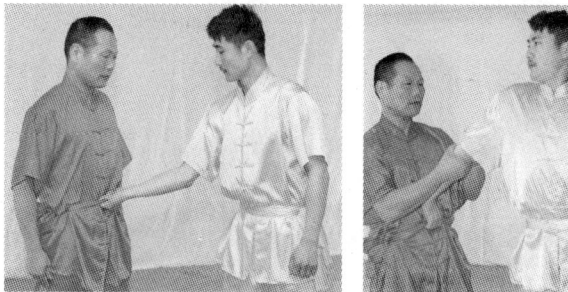

图 7-27　破前抓腰带——端肘

要点:两手用劲上提、内拉,右脚后撤,重心后移,形成合力。

4. 破后抓腰带——别肘

对方右手从背后抓我腰带,我右手向后抓握、固定其右手,同时右脚向前上步,上体稍向左转,左臂屈肘由上向下缠绕其右臂肘部,随即腰向右拧,猛别其肘,使其肘关节受制。如图 7-28 所示。

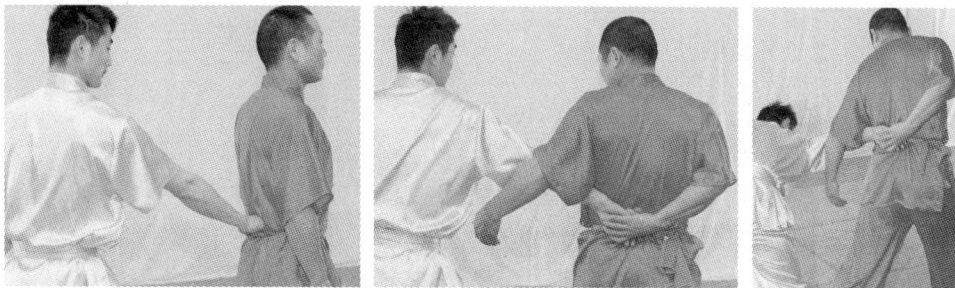

图 7-28　破后抓腰带——别肘

要点:借助腰向右转动的力量别其肘。

七、防守反击

1. 防手抓——牵羊

对方伸出右手准备抓或推我胸、脸部,我右手手心向前、虎口向上抓其食指、中指,用大拇指向外推其指尖端(掌心一侧),其余四指向里卷其指根(手背一侧),同时右脚后撤,腰向右拧,重心右移,牵动其指,形成折指,左手可以按其左肩,固定其臂。此动作也叫"折指"。如图 7-29 所示。

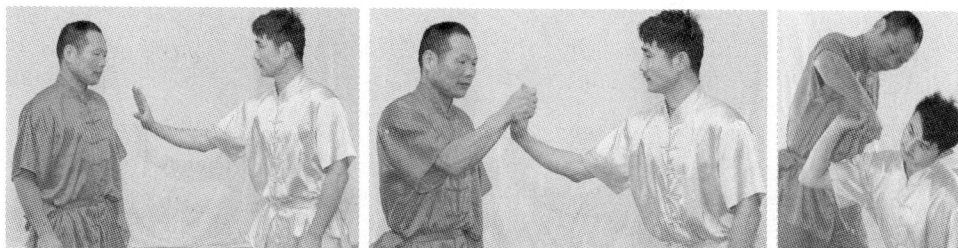

图 7-29　防手抓——牵羊

要点：

(1)大拇指向外推,其余四指向里卷,合力折指。

(2)内劲作用于手指,发劲完整。

2.防直拳——别臂

对方左直冲拳击我胸部,我左滑步,右手从其臂内侧抓握其小臂或腕并内旋下压,同时左小臂上挑其左肘窝,腰向右拧,随即迅速左转体,左手内旋抓扣其左肩,同时右手向前上方推压其左手腕,形成别臂,将其擒拿。如图 7-30 所示。

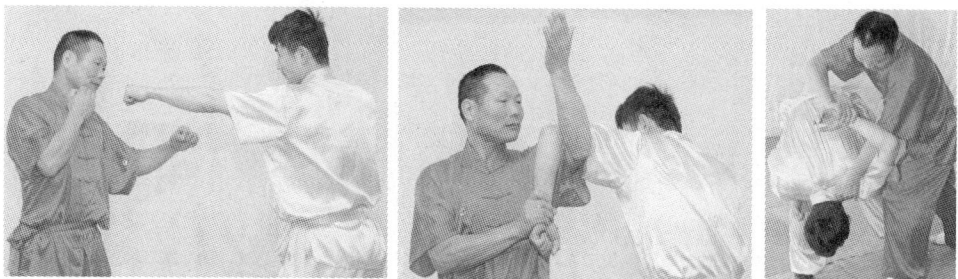

图 7-30　防直拳——别臂

要点:以快速灵活的步法调整重心;以一上一下、一里一外的手法形成合力。如左手挑掌时向上别其肘窝,同时右手向下按压其腕;别臂时左手抓扣其肩时向里用力,同时右手推其左腕时向外用力。

3.防直拳——扛肘

对方左直冲拳击我头部,我右斜步,左手从其臂外侧抓采其小臂或腕,随即右脚背步(背向对方),左脚紧跟(与右脚平行),同时右手内旋抓拧其小臂(使其肘尖向下),将其肘放于右肩,随即两手合力向下搬其小臂,形成扛肘。如图 7-31所示。

图 7-31　防直拳——扛肘

要点：

(1)两脚上步与抓臂扛肘动作一瞬间完成。

(2)右手抓握其小臂时内旋,反其肘关节。

4.防直拳——压肘

对方用左直冲拳击我头部,我左斜步进身,同时左手从左往右抓采其小臂放于我右肩(左手内旋拧转其臂,使其肘尖向上),随即我右脚上步,重心右移,右小臂由右向左格压其左肘关节,腰向左拧(或右臂屈肘从其臂外侧由下向上缠绕其肘部并向下压肘)。如图 7-32 所示。

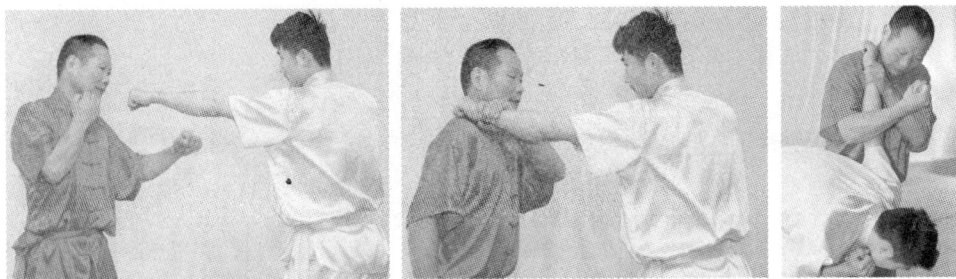

图 7-32　防直拳——压肘

要点:抓臂放肩要准确,上步压肘要迅猛。

5.防劈拳——别肘

对方用右劈拳击我头部,我左手内旋上架并顺势抓采其小臂或腕,随即右脚上步,右手从其臂下侧向上挑掌,屈肘夹住其肘部并回带,同时左手向前下方推压,由右手抓握其右腕,左手放开,以右单臂别住其肘关节。如图 7-33 所示。

图 7-33　防劈拳——别肘

6.防勾拳——卷拳

对方用右上勾拳击我腹部,我退步后闪,同时两手合抱其拳,两大拇指向前推压其拳背,其余四指向里扣拉其腕关节,卷其拳,断其腕。如图 7-34 所示。

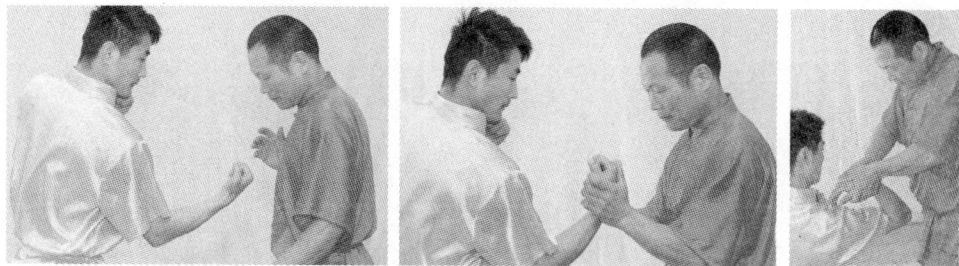

图 7-34　防勾拳——卷拳

要点:合抱其拳要准确,前推里扣用合力。

7.防直拳——托肘

从左实战姿势开始,对方右直拳击我头部,我右手从其臂外侧抓采其腕,手心向下;左掌向上托抓其肘,手心向上。随即以右截腿攻击其左膝,接以左侧踹腿攻击其右软肋。如图 7-35 所示。

图 7-35　防直拳——托肘

8.防直拳——靠肘

(1)对方右直拳攻击我面部,我右手从其臂外侧抓采其腕,同时左臂屈肘,以肘尖及大小臂由左向右下方靠击其肘;随即左脚上步,用左崩拳击其面部,同时用右弹拳击其裆腹部。如图7-36所示。

图 7-36　防直拳——靠肘(1)

(2)对方右脚上步,以右直拳击我面部;我右手从对方臂外侧由左向右后方抓采并拧转其腕,左臂屈肘由左向右下方靠击其肘,拳心斜向上。随即左脚向左侧迈步,左肘顶击其右肋部。如图7-37所示。

图 7-37　防直拳——靠肘(2)

第二节　拿下肢技术

一、抱腿挫膝

对方右边腿攻击我左肋,我向左十字手防腿,左手顺势向外、向上抄抱其左小腿,随即右里合腿跨过其右腿,上体左后转180°,两腿屈膝下蹲,臀部下坐其右膝,同时两手合抱其小腿用力上搬。如图 7-38 所示。

图 7-38　抱腿挫膝

要点:

(1)抱腿要准,跨腿要快,坐腿要猛。

(2)两手上搬,臀部下坐,形成合力。

二、腋下挫踝

对方左边腿攻击我右肋,我向右十字手防腿,右小臂顺势向外、向下、向里搂抱其左脚并夹于右腋下,右小臂横于其踝关节下侧(脚跟向下),同时左手推压其小腿,挫伤其踝关节。如图 7-39 所示。

图 7-39　腋下挫踝

要点:右臂腋下夹其脚,右小臂横于其踝关节下侧,利用对方自身的重力,加上我在左手推压其小腿之力,断其足。

三、抄腿拧足

(1)对方右蹬腿攻击我胸腹部,我右斜步,右臂屈肘,右手手心向上由右向左上方弧形抄起对方小腿或踝关节后侧;同时左手手心向下抓握其脚掌前掌内侧,随即右脚退步,重心右移,以腰向右拧转的力量带动左手向左下方推压其脚前掌内侧,右手向右上方搬拧其脚跟,挫伤其踝、膝关节。如图 7-40 所示。

图 7-40 抄腿拧足(1)

要点:退步、拧腰、扭足,协调一致,发劲完整。

(2)对方右侧踹腿攻击我胸腹部,我左滑步,左臂屈肘,左手手心向上由左向右上方弧形抄起对方小腿或踝关节内侧,同时右手手心向下抓握其脚掌前掌外侧,随即右脚退步,重心右移,以腰向右拧转的力量带动左手向左上方搬拧其脚跟,右手向右下方搬拧其脚前掌外侧,挫伤其踝、膝关节。如图 7-41 所示。

图 7-41 抄腿拧足(2)

要点:合周身之劲,扭挫其脚踝。

四、扛腿挫膝

对方右侧踹腿攻击我头、胸部,我左斜步,左掌由左向右斜后方搂拍其小腿防腿,同时右手手心向上抄抱其右小腿;随即右脚向前盖步,上体右转,同时左掌前撑其胸部,拇指向下,力达掌心;急接身体左转,右脚里扣,右手将其右腿上抬扛至右肩,两手抱压其右腿膝关节髌骨;上体继续左转扭挫其右腿,同时右踹腿击其左膝内侧,使其两膝受挫。如图 7-42 所示。

图 7-42　扛腿挫膝

要点：

（1）左掌横击或前撑其胸部，目的是为了封住其上体，控制其变化，并为转身挫腿作准备。

（2）借助腰向左拧转的力量带动扛腿与挫膝，发劲完整。

五、折膝捆腿

对方在前面行走或站立，我左脚上步，两手从其身后抱住其两腿膝部并回拉，同时左肩撞击其臀部，使其向前跌仆倒地；随即我左手顺势抓其左脚踝向上提起折膝，使其左小腿横向压在其右大腿上，脚面向上，左手不松；接着右手抓其右脚踝向上提起折膝，使其右小腿横向下压，以其右脚压其左脚，脚面向上，形成两小腿交叉重叠反折捆膝之势，随即我左脚踩住其反折过来的右脚面，右脚蹬直，两手空出，将其制伏于地。如图 7-43 所示。

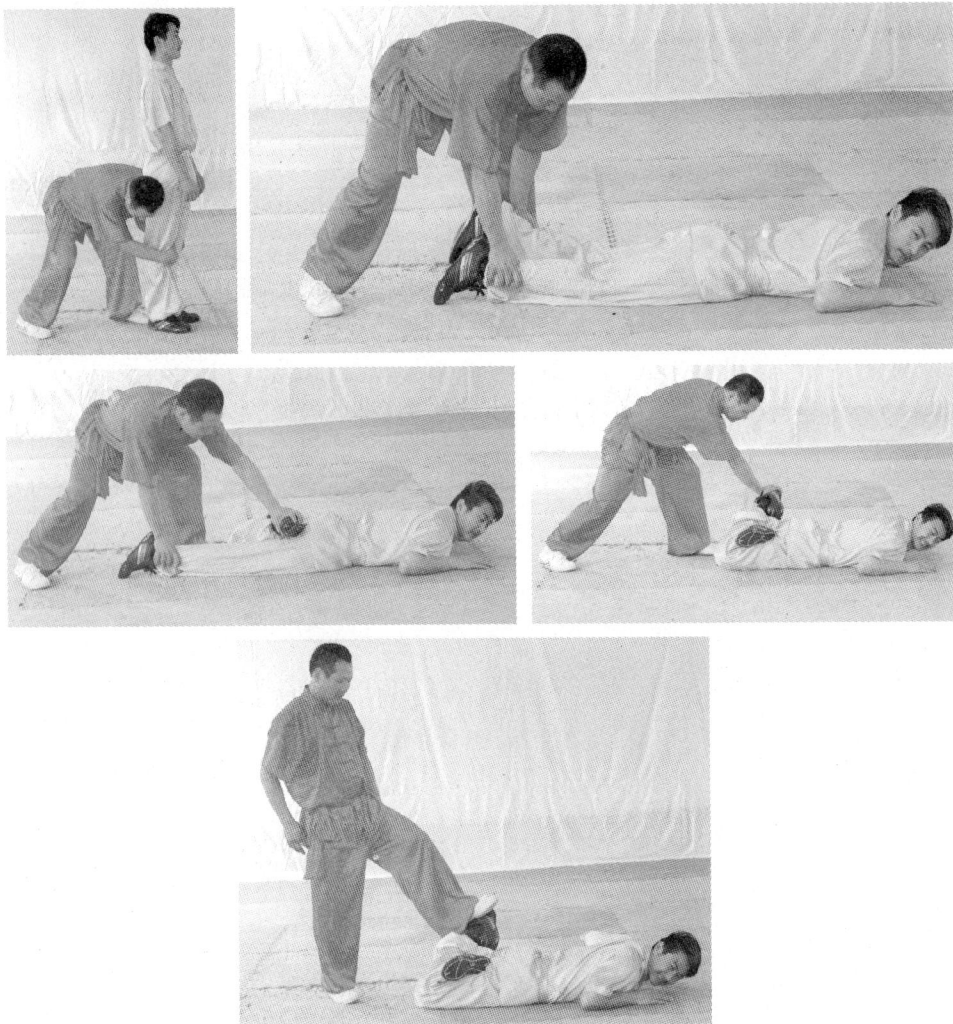

图 7-43　折膝捆腿

要点：这是一个非常奇特的腿部拿法，一经拿制，对方毫无反抗之力。关键是将对方摔倒仆地后快速折压其两腿，即折在膝关节，压在踝关节。如果稍一迟缓，不仅无法擒拿，甚至会遭其反击。

六、扭脚挫踝

双方从左实战姿势开始，对方以右外摆腿或右横扫腿攻击我头、胸部右侧，我向右十字手防腿，顺势左手手心向上托抓其右脚跟；右手虎口向上，抓握其右脚前掌内侧；随即上体左转，重心左移，左脚尖外摆，两手合力扭挫其右脚，即右手由右向左下方推压其右脚前掌内侧，左手由左向右上方扳扭其脚跟，同时右侧蹬腿攻击其左腿膝内侧,将其扭跌倒地。如图7-44所示。

图 7-44   扭脚挫踝

要点:
(1)十字手防腿后两手拿其右脚要快速、牢固;
(2)以拧腰劲带动两手的扳拧;
(3)扭脚与踹腿同时进行,以防其支撑腿的跳动或反击。

第三节   拿头部技术

一、擒拿反击

1.防右摆拳——摘盔

对方右摆拳击我头部,我左手从其臂内侧推掌阻挡其肘或小臂,随即左脚上步靠近对方,左手顺势从其头后侧抓其头发(或扣抓其头顶左侧)向内拉,同时右手向外推其下颌右侧,断敌颈部。如图7-45所示。

图 7-45　防右摆拳——摘盔

要点：

(1)左手向内拉,右手向外推,形成合力。

(2)擒头时我中、下盘尽量贴靠对方或右肘贴靠其胸前,以固定其身体。

2.防右直冲拳——摘盔

对方右拳击我头部,我左滑步,右手从其臂外侧抓采其右小臂或腕,随即左脚上步贴靠对方,左手经其头后侧、左侧、前侧扣抓其下颌右侧(下巴骨),猛向左后搬,同时右手向右后方猛拉其右臂(或推其下颌右侧),腰向左拧,重心左移,断敌颈部。如图 7-46 所示。

图 7-46　防右直冲拳——摘盔

要点：

(1)左手往左后拧其颔，右手往右后拉其臂，形成合力。

(2)如敌反抗我左手猛锁其喉，使其窒息。

3.防右直冲拳——抹眉拿

对方右直冲拳击我头部，我左滑步，右手从其臂外侧抓采其小臂或腕，随即左脚上步贴靠对方，左手经其后脑、头顶扣抓其眉骨下侧，猛向后搬，右手向右后方猛拉其右臂（或右手扣抓其左肩向前搬），腰向左拧，断敌颈部。如图7-47所示。

图7-47　防右直冲拳——抹眉拿

要点：左手后搬其头，右手右拉其臂（或搬其左肩），形成合力。

4.防右劈掌——抹眉拿

对方右脚上步，用右劈掌或劈拳、直拳击我头部；我右脚在前，右手内旋上架并顺势从其臂外侧抓采其右小臂或腕引进落空，随即左脚上步至其右脚后侧，以左腿别其右腿，同时左手从其右臂上侧绕过，左臂屈肘，掌心向下，随即左掌掌心领先（拇指向下）由右向左后方弧形搂拨其眉、额部，腰向左拧，力达掌心，右手抓住其右腕向左上方推送，挫伤其颈，使其后倒。如图7-48所示。

图7-48　防右劈掌——抹眉拿

要点：

(1)以腰向左拧转的力量带动"抹眉"动作。

(2)右手防拳时内旋(滚动)上架、顺势抓采向右后方引进。

5.防右直冲拳——夹颈

对方右直冲拳击我头部,我左滑步,右手从其臂外侧抓采其右小臂并下压,随即左脚上步到其身后,左臂从对方颈前屈肘夹其颈部(左手抓住自己的右肩,助力夹颈),腰向左拧,重心左移,随即右手按其后脑,力达掌心,腰向右拧,以气催力。如图 7-49所示。

图 7-49　防右直冲拳——夹颈

要点:上步夹颈要迅猛。

6.防抱腿摔——拧头

我左直冲拳击对方头部,对方下潜躲闪,并左脚上步两手抱我左腿,我右手手心向下抓压其后脑,左手手心向上扣抓其下巴骨,随即腰向右拧,带动左手向左上方拧、右手向右下方拧,两手合力拧转其头,随即左掌下切其颈部,力达掌跟,掌心向右,掌指向前。如图 7-50 所示。

图 7-50　防抱腿摔——拧头

要点：

(1)左手向左上方拧、右手向右下方拧，形成合力。

(2)若对方左脚上步两手抱我腿，我两手拧头使其向左侧倒地；若对方右脚上步两手抱我腿，我两手拧头使其向右侧倒地，效果更好。

(3)按头如洗面，上下可滑动；拧头如滚球，处处可发力。

7.防抱腿摔——抠嘴

对方右脚上步，两手合抱我右腿，我急左脚后移，重心下降，左手手心向下，按住其头顶或后脑；右手手心向上，扣住其下巴骨，随即上体向左拧转带动两手合力拧头，即右手向右上方扳拧，左手向左下方扳拧。如对方仍然不松手，我右手中、食二指抠进其左嘴角，并向上勾起，使其松开抱腿之手。此动作也称"鲤鱼抠腮"。如图 7-51 所示。

图 7-51　防抱腿摔——抠嘴

要点：

（1）以腰向左拧转的力量带动两手合力拧头，即右手向右上方扳拧，左手向左下方扳拧，左臂外旋，右臂内旋，形成合力。

（2）中、食二指抠腮手法要预防指头被咬，可用中指顺其嘴唇滑入嘴角，使其无法咬指。

8.防抱腰摔——拧头

双方从左实战姿势开始，对方右脚上步，两手从正面合抱我腰部，其头肩贴靠我右胸部，我急左脚退步，重心左移，同时左手手心向下抓按其头顶，右手手心向上抓扣其下巴骨，随即上体向左拧转带动两手合力拧头，即左手向左下方扳拧，右手向左上方扳拧，以扭挫其颈椎关节。此动作也称"死鸡拧头"。如图 7-52所示。

图 7-52　防抱腰摔——拧头

要点:以拧腰劲带动两手同时扳拧,形成合力。

二、擒拿进攻

1.巧按天鼓

对方在行走或其他活动时,我绕至其身后,两手分别从其左、右腋下插入按其后脑,一手抓握自己另一手腕,两手合力下按,同时两臂屈肘上抬别其两臂,将其擒拿。如图 7-53 所示。

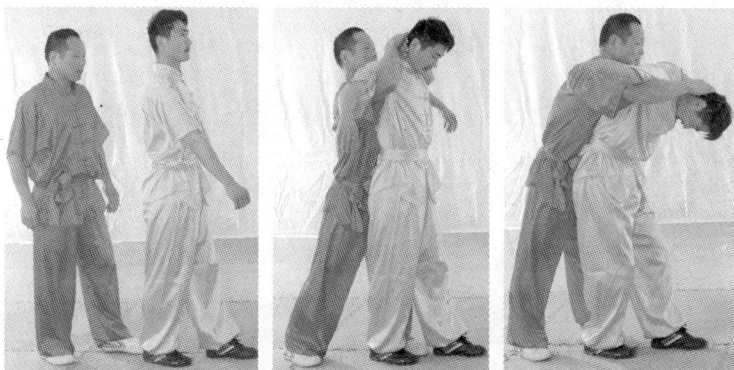

图 7-53　巧按天鼓

要点:
(1)向下按压其后脑、向上别其两臂,一上一下形成合力。
(2)下按时腹部贴靠其身后,起固定作用。

2.搂腰推颌

从左实战姿势开始,我左脚上步,左直冲拳攻击其面部,对方后仰躲闪或下潜躲闪,我右脚上步别其脚,右手搂抱其后腰,同时左手猛推其下颌,将其拿住。如图 7-54 所示。

图 7-54　搂腰推颌

要点：搂抱要紧，推颌要猛。

第四节　夺凶器技术

一、防匕首劈刺——上架、挑掌、别肘

对方右手正握匕首向我头部劈刺，我左手内旋上架并抓采其右小臂或腕，随即右脚上步，右手从其臂下侧向上挑掌，屈肘夹住其肘部并回带，同时左手向前下方推压，由右手抓握其右腕，左手放开，以右单臂别住其肘关节，左手夺其匕首。如图 7-55 所示。

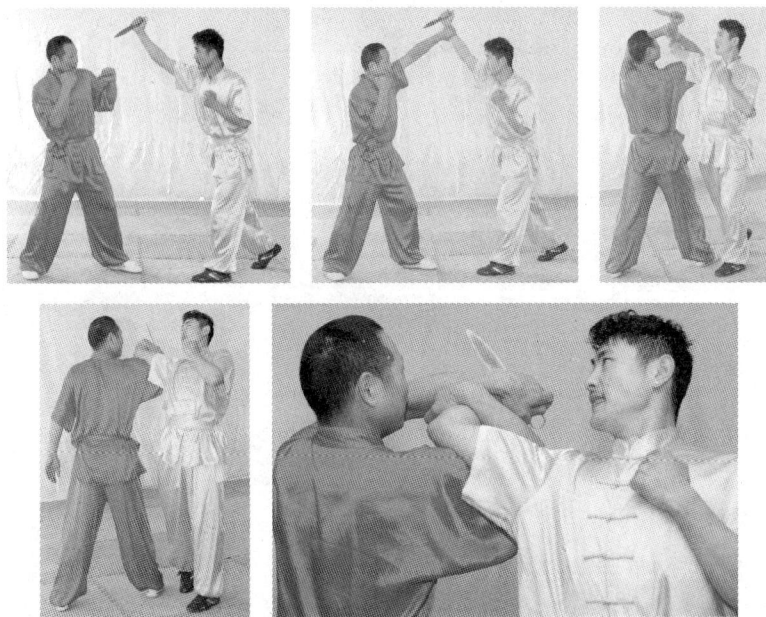

图 7-55　防匕首劈刺——上架、挑掌、别肘

要点：

(1)正握匕首方法：四指并拢卷握刀柄，拇指卷曲扣贴于食指与中指的第二指节，护手盘抵住小指一侧，刀尖向下，虎口向上。

(2)反握匕首方法：四指并拢卷握刀柄，拇指卷曲扣贴于食指与中指的第二指节，护手盘抵住虎口上侧，刀尖向前。

二、防匕首直刺——抓腕、挑掌、别臂

对方左手反握匕首刺我腹部，我右手由上向下抓采其小臂或腕并内旋下压，同时左小臂上挑其左肘窝，腰向右拧，接着迅速左转身，左手内旋抓扣其左肩，同时右手向前上方推压其左手腕，形成别臂，将其擒拿，夺其匕首。如图7-56所示。

图7-56 防匕首直刺——抓腕、挑掌、别臂

三、防匕首直刺——抓腕、勾踢、搂颈

对方右手反握匕首直刺我胸部，我左手从其臂内侧向外抓采其小臂或腕防刺，

随即用右勾踢腿反击其左脚后跟,同时右手由左向右搂其右颈部右侧,将其摔倒,拿其右臂,夺下匕首。如图 7-57 所示。

图 7-57　防匕首直刺——抓腕、勾踢、搂颈

四、防菜刀劈——上架、直拳、扛摔

对方右手持刀劈我头部,我左手内旋上架并顺势抓采其小臂或腕,同时右直冲拳击脸部,随即右脚上步插入对方裆下,右腿前弓,上体前俯,右手从其裆下插入抱其右腿根部,右肩顶其髋腹,瞬间立腰、两腿蹬直,同时左手后拉,右手上掀,腰向左拧,用右肩将其扛起摔倒,拿其右臂,夺下凶器。如图 7-58 所示。

图 7-58　防菜刀劈——上架、直拳、扛摔

五、防菜刀劈——上架、弹腿、抱腰摔

对方右手持刀劈我头部,我左手内旋上架抓采其腕或小臂,随即以右弹腿攻击其裆部,右脚落地到对方右脚前,右手从其左侧搂抱其腰背,随即两腿蹬直,臀部顶起,腰向左拧,上体前俯,将其背起摔倒,拿其右臂,夺下凶器。如图 7-59 所示。

图 7-59　防菜刀劈——上架、弹腿、抱腰摔

六、防菜刀劈——上架、顶膝、夹颈摔

对方右手持刀劈我头部,我左手内旋上架抓采其腕或小臂,随即提右膝顶击其裆部,右脚落地到对方右脚前,左脚紧跟与右脚平行,身体左转,同时右手从其后颈绕过,屈臂夹其颈部,臀部右侧贴靠其腹部,随即向左拧腰,用右小腿向后上方打其右小腿,上体前俯,将其摔倒,拿其右臂,夺下凶器。如图7-60所示。

图 7-60 防菜刀劈——上架、顶膝、夹颈摔

七、防菜刀砍——抓腕、夹肘、夺刀

对方右脚上步,用右手持菜刀砍我头部,我左斜步,左手由左向右搂抓其右腕并外旋下带,随即左脚上步至其右脚外侧,身体向右后转身,左脚尖内扣,右脚尖外摆,同时左臂屈肘将其右大臂肘关节夹于左腋下并下沉右肩,向右拧腰,拉直其臂,别压其肘,左手外旋拧扭其右腕,右手既可以助力擒其手腕,也可以抓住其菜刀背侧,扭转其刀,使其松手。如图7-61所示。

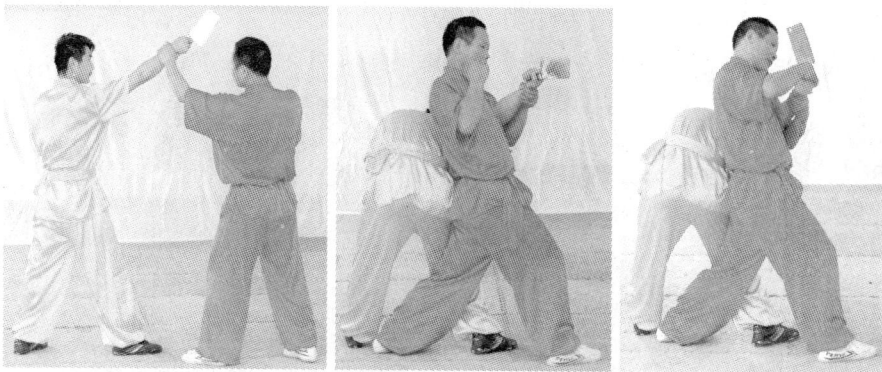

图 7-61　防菜刀砍——抓腕、夹肘、夺刀

要点：

(1)别压其肘、拧扭其腕,使其伏地就擒。"别"指夹肘时腰向右拧别其肘;"压"指夹肘时右肩下沉,运用身体重力压其肘;"拧"指左手外旋拧扭其右腕,右手助力擒其手腕。合周身之劲作用于其肘、腕。

(2)实战中讲究上下相随,如上面别肘扭腕,下面固定其脚,才能彻底制伏对方。

八、防匕首刺——抓腕、右侧踹腿

对方左手反握匕首直刺我胸部,我右斜步,右手从其臂外侧由右向左搂抓其小臂或腕,左手合抓并拧转其左小臂,随即用右侧踹腿反击其左肋,同时两手用力回拉其臂,夺下匕首。如图 7-62 所示。

图 7-62　防匕首刺——抓腕、右侧踹腿

要点：

(1)两手回拉其臂,侧踹腿击其肋,形成合力。

(2)右手内旋、左手配合拧转其臂,扣压其肘。

九、防匕首刺——抓腕、截腿、接勾踢摔

对方右脚上步,右手反握匕首直刺我胸部,我左斜步,右手从其臂外侧抓采其

小臂或腕，急用右截腿反击其右小腿，随即以左勾踢腿攻击其右脚后跟，左手从其右臂下前伸由右向左搂拨其右臂根部，将其摔倒，夺下匕首。如图 7-63 所示。

图 7-63　防匕首刺——抓腕、截腿、接勾踢摔

十、防匕首刺——抓腕、搬头

对方右手反握匕首直刺我胸部，我左斜步，右手从其臂外侧抓采其右小臂或腕，随即左脚上步贴靠对方，左手经其头后侧、左侧、前侧扣抓其下颌右侧（下巴骨），猛向左后搬，同时右手向右下方猛拉其右臂，腰向左拧，重心左移，断敌颈部，使其松开匕首。如图 7-64 所示。

图 7-64　防匕首刺——抓腕、搬头

十一、防匕首刺——抓腕、扛肘

对方右手反握匕首直刺我胸部，我左斜步，右手从其臂外侧抓采其小臂或腕并

外旋其臂,使其肘尖向下,随即左脚上步背朝对方,右脚紧跟(与左脚平行),同时左手由下向上合抓其小臂放置于左肩,两手猛向下搬其小臂,扛断其肘,夺其匕首。如图7-65所示。

图7-65 防匕首刺——抓腕、扛肘

要点:两手合抓时外旋其小臂,使其肘窝向上,反其肘关节。

十二、空手夺棍

(1)对方右脚在前,两手持棍,左手握棍把,右手持棍中,从上向下以棍梢劈打我头部,我左斜步,同时右手内旋,掌心向外,拇指向下,抓采其棍的近中段位置,随即左脚上步至其右脚外侧,别住右腿,同时左手抓握其棍把上抬并迅猛向后靠击其胸,力达于棍,腰向左拧,使其后倒。如图7-66所示。

图7-66 空手夺棍(1)

要点:发劲时两手合力,由脚及腿及腰达于手传递于棍。棍具有"梢把兼用、棍打一片"的特点,因此,夺棍要贴近对方,使棍失去作用。

(2)对方右脚在前,两手持棍,左手握棍把,右手持棍中,从上向下以棍梢劈打我头部,我左斜步,右手内旋,掌心向外,拇指向下,抓采其棍的近中段位置,同时左手从其右臂腋下插入抓棍,左臂内旋滚动、挤压其右肘外侧,形成别肘,随即我两手向右后方迅猛回拉,同时以左侧踹腿攻击右胯,夺取其棍。如图 7-67 所示。

图 7-67 空手夺棍(2)

要点:

①左臂内旋滚动、挤压其右肘外侧,形成别肘。

②两手向右后方回拉,左侧踹腿攻击右胯,形成合力。

第八章 肘膝技术

肘膝技术是威力极大的武术攻防技法。肘尖、膝尖坚硬而隐蔽,乃是贴身近战凶狠的武器,自古以来为习武者所重视。拳谚云:"宁挨十拳,不挨一肘,肘打四方人难防,手肘齐发人难挡"、"拳轻、掌重、肘要命","远使手,近使肘,贴身靠打情不留"。这些无不充分说明运用肘膝之法,技击性极强,杀伤力巨大,具有震慑力。

肘膝技术是在双方中、近距离实战时运用,具有重、短、暗、快的特点。肘与膝分别为上肢和下肢的中节,具有攻守兼备、见缝插针、动作隐蔽、变化莫测、劲力刚猛、极难防御的优点。无论是膝、肘单独运用还是膝、肘组合运用,均可一招制敌。肘法有顶肘、横肘、盖肘、挑肘、掀肘、砸肘、抡肘、靠肘等,膝法有顶膝、横膝等。

第一节 肘法应用技术

一、顶肘用法

1. 防拳——顶肘反击

(1)对方右直冲拳击我头部,我左滑步,右手从其臂外侧抓采其小臂或腕,随即左脚上步,别其右腿,同时左肘顶击其右肋,重心左移,腰向左拧,目视对方。如图 8-1所示。

图 8-1　防拳——顶肘反击

要点：力从腰发，发劲完整。

（2）若对方左直冲拳击我面部，我左小臂由左向右斜后方格挡（或左手由左向右斜后方搂拍）其小臂内侧，随即左脚上步，同时左肘顶击其下额或胸、腹、肋部。如图8-2所示。若对方右直冲拳击我面部，我右小臂由右向左斜后方格挡（或右手由右向左斜后方搂拍）其小臂内侧，随即右脚上步，同时右肘顶击其下额或胸、腹、肋部。

图 8-2　防拳——顶肘反击（2）

（3）对方左直冲拳击我头部，我右小臂挂挡防拳，同时左脚上步，用左肘顶击其下颌或胸、腹、肋部。如图8-3所示。

图8-3　防拳——顶肘反击（3）

（4）若对方右摆拳或右直冲拳击我头部，我下潜躲闪，随即左脚上步，同时用左肘顶击其腹肋部。如图8-4所示。若对方左摆拳或左直冲拳击我头部，我下潜躲闪，随即右脚上步，同时用右肘顶击其腹肋部。

图8-4　防拳——顶肘反击（4）

2.防腿——顶肘反击

（1）对方用右边腿攻击我上体左侧，我上体左转，带动两掌或两拳向左后方格挡防腿，随即右脚上步，右肘顶击其胸腹部。如图8-5所示。

图 8-5　防腿——顶肘反击(1)

(2)对方用右边腿进攻,我急左脚上步,用左肘顶击其胸腹部。如图 8-6 所示。

图 8-6　防腿——顶肘反击(2)

要点:以攻代防,以直破横,后发先至。

3.被抓头发——顶肘反击

(1)对方右手从身后抓我头发或后衣领,我急左脚后退,重心后移,同时以左肘顶击其下颔或胸腹部。如图 8-7 所示。

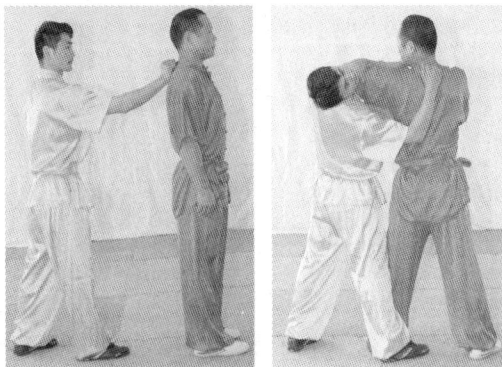

图 8-7　被抓头发——顶肘反击(1)

要点:冷不防地转身顶肘,力从腰发。

(2)对方左手从正面抓我头发,我急左脚上步,重心左移,同时用左肘顶击其左肋。如图 8-8 所示。

图 8-8　被抓头发——顶肘反击(2)

4.破被搂抱——顶肘反击

(1)对方从身后用右手臂搂抱我颈部,我急左脚退步,身体左转,重心左移,同时以左肘猛顶其腹肋部。如图 8-9 所示。

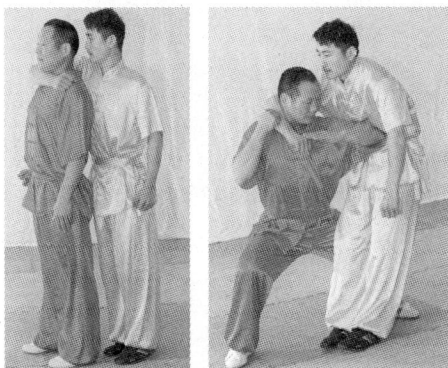

图 8-9　破被搂抱——顶肘反击(1)

要点:用爆发力顶肘。

(2)对方左脚上步,两手准备抱我左腿,我左脚上步,重心前移,以左肘顶击其面部。如图 8-10 所示。

图 8-10　破被搂抱——顶肘反击(2)

5.破被抓臂——顶肘

对方两手抓拧我左手臂,我向右后转身,同时右肘顶击其胸腹或软肋,随即右崩拳击其面部或用右爪手锁其咽喉。如图 8-11 所示。

图 8-11　破被抓臂——顶肘

6.顶肘进攻

(1)我左摆拳攻击其头部,对方向下躲闪,未等其站稳,我急左脚上步,左肘顶击其下颏。如图 8-12 所示。

图 8-12　顶肘进攻(1)

要点:步到肘到,上下相随。

(2)我左弹腿攻击其裆部,对方左小臂截砸或提膝防腿,我左脚落地,急以左肘顶击其脸部。如图 8-13 所示。

图 8-13　顶肘进攻(2)

要点:指下打上,快速连击。

(3)对方从身后准备搂抱或偷袭我,我急左脚退步,上体左转,重心左移,以左肘猛击其脸或下颌、胸部。如图 8-14 所示。

图 8-14　顶肘进攻(3)

要点:眼观六路,耳听八方,蓄势而动,后发先至。

(4)我用左直冲拳击对方头部,诱其防上,随即我左脚上步,重心左移,同时用左肘顶击其腹部。如图 8-15 所示。

图 8-15　顶肘进攻（4）

二、盖肘用法

（1）对方用右上勾拳击我腹部，我左砸肘防拳，随即左脚上步，右盖肘击其左面部，重心左移，腰向左拧，左拳收至左下颌处（或左手抓握右腕下拉助力），目视前方。如图 8-16 所示。

图 8-16　盖肘用法（1）

要点：力从腰发，腰向左拧，弧形猛击。

（2）对方右摆拳击我头部，我左手挂挡防拳，随即左脚上步，右盖肘攻击其左面部。如图 8-17 所示。

图 8-17　盖肘用法（2）

三、挑肘用法

（1）对方以右直冲拳击我头部，我左手由右向左斜后方格挡，同时左脚上步，用右挑肘反击其下颌。如图 8-18 所示。

图 8-18　挑肘用法（1）

（2）我用左蹬腿攻击对方中盘，对方俯身准备抱我左腿时，我左脚落地，同时以左肘由下向前上方挑肘击其脸部，力达肘尖和小臂一侧，重心左移，腰向右拧，左肩前探，右拳收至右下颌处，目视对方。如图 8-19 所示。

图 8-19　挑肘用法（2）

要点：力从腰发，凶猛挑肘。

（3）对方左直冲拳击我脸部，我右手从其左臂外侧向下搂拍其小臂或腕，随即左脚上步，左肘由下向前上方挑击其下颌，重心左移，腰向右拧，左肩前探，右拳收至右下颌处，目视对方。如图 8-20 所示。

图 8-20 挑肘用法(3)

要点:左脚上步与挑肘同时。

四、横肘用法

1.向前横肘

(1)对方右直冲拳击我头部,我左滑步,右手从其臂外侧抓采其小臂或腕,随即左脚上步,同时左肘由左向右弧形横扫其右肋,重心左移,腰向右拧,右拳收至右下颌处,目视对方。如图 8-21 所示。

图 8-21 向前横肘(1)

要点:以身体向前的冲力带动左肘向前横击。

(2)对方左上勾拳攻击我腹部,我右臂阻击,随即左脚上步,左横肘攻击其右脸部。如图 8-22 所示。

图 8-22　向前横肘(2)

（3）对方右摆拳攻击我头部，我左手挂挡防守，随即左脚上步，重心前移，以右横肘攻击其左脸。如图 8-23 所示。

图 8-23　向前横肘(3)

（4）我右边腿攻击对方左肋，对方十字手接腿并准备抱腿摔，我急以左肘横击其右脸部。如图 8-24 所示。

图 8-24　向前横肘(4)

(5)对方右手抓我左肩,我右脚上步,身体左转,重心右移,顺势以右横肘攻击其腹肋部。如图 8-25 所示。

图 8-25　向前横肘(5)

要点:以身体向前的冲力带动右肘向前横击。

2.向后横肘

对方从身后抱我腰,我突然向右转身,用右肘横击其右脸;或向左转身,用左肘横击其左脸。如图 8-26 所示。

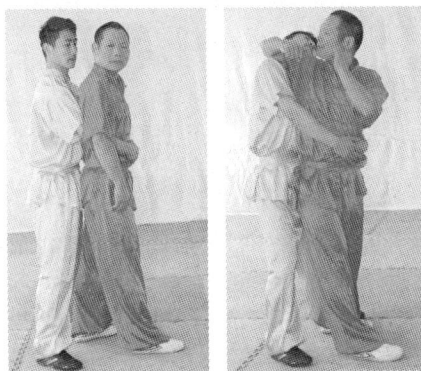

图 8-26　向后横肘

要点:借助转身的力量向后横击。

五、掀肘用法

对方从身后抱我腰(两臂被抱),我急重心下沉,两臂外撑,随即上体右转带动右肘由下向后上方掀起击其右侧胸肋,如图 8-27 所示。或上体左转带动左肘由下向后上方掀起击其左侧胸肋或下颌,或双肘同时向后上方掀起击其胸肋。

图 8-27　掀肘用法

要点:借助转身的力量向后掀肘。

六、砸肘用法

1.向前砸肘

(1)对方左脚上步,两手抱住我左腿,我以左肘尖领先由上向下砸击其后背或头、颈部,力达肘尖,重心前移,腰向右拧,目视前方。如图 8-28 所示。

图 8-28　向前砸肘(1)

要点:借助重心下沉之力砸肘。

(2)对方右蹬腿攻击我胸腹部,我急左滑步避其腿击,同时用左砸肘击小腿骨。如图 8-29 所示。

图 8-29　向前砸肘(2)

　　(3)对方从正面抱我腰部,我用两肘由上向下砸其肩窝,力达肘尖。如图 8-30
所示。

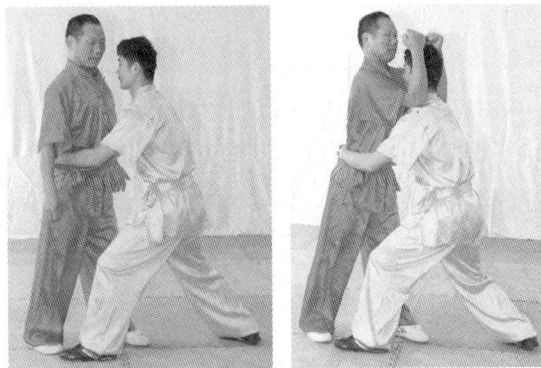

图 8-30　向前砸肘(3)

　　要点:含胸收腹,发劲完整。

　　(4)对方被打倒地,我用左砸肘攻击对方,力达肘尖。如图 8-31 所示。

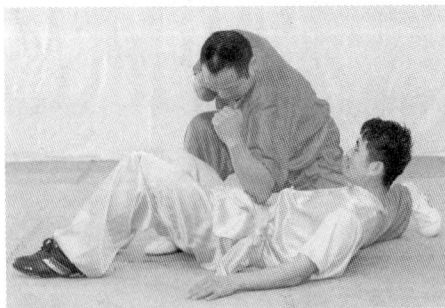

图 8-31　向前砸肘(4)

　　要点:结合跪膝,借助重心下沉之力向下砸肘。

2.向后砸肘

（1）对方从身后抱我腰，我突然上体右转带动右肘由上向后下方砸击其右颈或面部，力达肘尖，重心右移，左拳收至左下颌处，目视右肘。如图8-32所示。

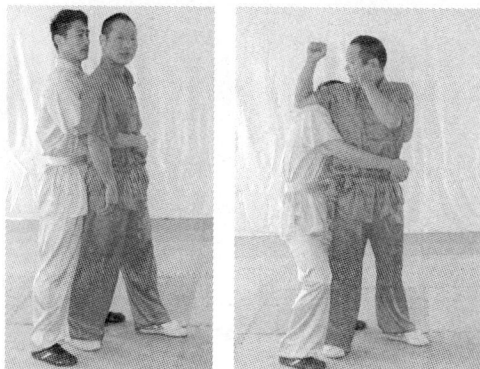

图8-32　向后砸肘（1）

（2）对方右直拳击我面部；我左脚在前，左手由左向右后方格挡，随即右脚经左脚后面向左插步，同时左肘顶击对方肋部。或接右后转身以右肘尖领先由上向后下方砸击其头颈部。如图8-33所示。

图8-33　向后砸肘（2）

七、抡肘用法

（1）对方右直拳击我面部，我左臂屈肘，肘尖及前臂领先从其臂外侧向上、向右、向下抡肘防拳，连防带打，随即左脚上步，以肘尖顶击其面部。如图8-34所示。

图 8-34　抢肘用法（1）

要点：快速抢肘，连防带打。

（2）对方右直拳击我面部，我左臂屈肘，肘尖及大臂领先由右向上、向左、向下抢肘防拳，连防带打，随即左脚上步，以右抢肘由右向上、向左、向下弧形打击其头颈部。如图 8-35 所示。

图 8-35　抢肘用法（2）

要点：抢肘后快速沉肘，防止胸肋被攻击。

（3）对方左边腿攻击我右肋，我左臂屈肘，肘尖及前臂领先从左向向上、向右、向下抢肘防腿，连防带打，随即左脚上步，以肘尖顶击其心窝或面部。如图 8-36 所示。

图 8-36　抢肘用法（3）

八、靠肘用法

（1）对方右直拳攻击我面部，我右手从其臂外侧抓采其腕，同时左臂屈肘，以肘尖及大小臂由左向右下方靠击其肘；如对方反抗，我乘势左脚上步，左崩拳击其面部，同时用右弹拳击其腹、裆部。如图 8-37 所示。

图 8-37　靠肘用法（1）

要点：靠肘时腰向右拧，发劲完整。

（2）对方左直拳击我面部，我左手从其臂外侧抓拧其腕，随即右脚上步，右臂屈肘，肘尖及小臂领先由右向左下方靠其肘外侧，使其肘关节受制。或接右弹拳攻击其面部。如图 8-38 所示。

图 8-38　靠肘用法（2）

（3）对方左脚上步，右直拳击我面部；我左手由左向右后方搂拍防拳，同时右脚上步，别住其左脚；右手直臂下沉保护裆部。随即右臂屈肘，右手握拳，以前臂及肘由左向右横靠对方胸肋，左手助推右前臂，发整劲将其发放。如图 8-39 所示。

要点：靠肘时左脚可以向右脚内侧震脚并步，以整劲发放。

图 8-39　靠肘用法（3）

第二节　膝法应用技术

一、防拳——顶膝反击

1.锁喉顶膝

对方用右直冲拳击我头部，我左手内旋从其臂内侧抓采其肘部并向左下方引采，同时右手锁其咽喉，右膝顶击其裆部。如图 8-40 所示。

图 8-40　锁喉顶膝

2.托肘顶膝

对方用右直冲拳击我头部，我左手虎口向上托住其右肘，同时提右膝顶击其裆部，左腿微屈支撑，此为金鸡独立。如对方后退，用右弹腿攻击其裆部。如图 8-41 所示。

图 8-41　托肘顶膝

3.罗汉撞钟

（1）对方用右直冲拳攻击我头部，我左斜步，右手从其臂外侧抓采其小臂或腕，随即用右横膝撞击其腹肋或裆部。如图 8-42 所示。

图 8-42　罗汉撞钟（1）

（2）对方左直拳击我头部；我右闪步，两手从其左臂外侧由右向左后方抓采引进；随即右腿蹬直支撑，左腿屈膝侧抬，横膝顶击其腹肋或裆部。如图 8-43 所示。

图 8-43　罗汉撞钟（2）

4.搂颈顶膝

对方用右摆拳击我头部,我左掌从其臂内侧推肘阻挡防拳,随即左脚上步,左手顺势前伸搂住其后颈部,同时右膝顶击其裆部。如图 8-44 所示。

图 8-44　搂颈顶膝

要点:搂颈顶膝,形成合力。

5.挂挡顶膝

(1)若对方左脚上步,用左摆拳或直拳击我头部;我右手从其拳臂内侧挂防(即右小臂从前向后回带)其拳,同时右膝撞击其裆部。如图 8-45 所示。

图 8-45　挂挡顶膝(1)

(2)若对方左脚上步,用右摆拳或直拳击我头部;我左手从其拳臂内侧挂防(即左小臂从前向后回带)其拳,同时左膝撞击其裆部。如图 8-46 所示。

图 8-46　挂挡顶膝(2)

二、防腿——顶膝反击

(1)对方右蹬腿击我腹部,我右斜步,左手从其腿内侧向左后方搂拍其小腿或脚踝,随即左脚上步,双拳贯耳,同时右膝顶击其裆。如图 8-47 所示。

图 8-47　防腿——顶膝反击(1)

(2)对方右边腿攻击我左肋,我上体左转带动双手向左后方格挡(或用十字手)防腿,随即右膝顶击其裆腹部。如图 8-48 所示。

图 8-48　防腿——顶膝反击(2)

三、被抱(抓)——顶膝反击

1.破前抱腰

对方正面抱我腰,我以左膝或右膝撞击其裆部。如果对方两手准备搂抱我,我两手迎抓其两臂并向后拉,同时以右膝或左膝撞击其裆部。如图8-49所示。

图 8-49 破前抱腰

2.破前抓肩

对方右手抓我左肩,我左手从其臂内侧前伸搂住其后颈部,同时右横膝撞击其裆腹部。如图8-50所示。

图 8-50 破前抓肩

3.破前抱腿

对方俯身准备抱我左腿时,我以左膝或右膝顶击其脸部。如图8-51所示。

图 8-51　破前抱腿

要点：短促凶猛。

四、顶膝进攻

1. 左直冲拳——右顶膝——左横扫腿

从左实战姿势开始，我左直冲拳攻击其面部，对方后仰躲闪，我接右膝顶击其裆，对方后退防击，我急右脚落地，右腿为轴，向左后转身180°，用左横扫腿攻击其上盘。如图8-52所示。

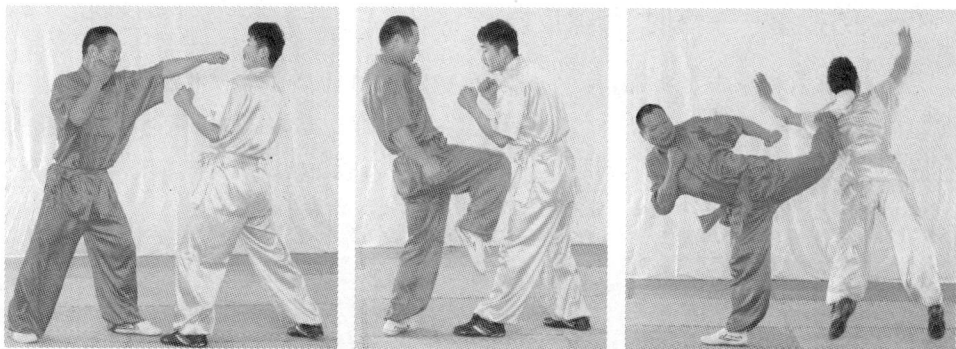

图 8-52　左直冲拳——右顶膝——左横扫腿

要点：直拳意在指上打下，当其防拳时裆部暴露，我急以膝顶击其裆，当其注意力防下并后退时，为我进攻留出空间，我急转身横扫腿反击，使其猝不及防。

2. 左摆拳——垫步撞膝顶裆

从左实战姿势开始，我左摆拳攻击其头部，对方后仰躲闪，我急右脚垫步以左膝撞击其裆部。如图8-53所示。

图 8-53　左摆拳——垫步撞膝顶裆

要点:对方防拳时裆部暴露,我急左膝撞击其裆。

第三节　肘膝合用技术

一、防摆拳——横肘、横膝反击

(1)对方右摆拳击我头部,我下潜躲闪,随即左脚向左前方上步,同时右肘由右向左横击其腹部,重心左移,腰向左拧;顺势左腿蹬直支撑,右肘由左向右横击其头右侧,同时右膝由右向左横顶其腹、裆部。如图 8-54 所示。

图 8-54　防摆拳——横肘、横膝反击(1)

(2)对方右摆拳击我头部,我下潜躲闪,随即左脚向左前方上步,左腿蹬直支撑,右肘由左向右横击其后背或后脑,同时右膝由右向左横顶其腹、裆部。如

图 8-55所示。

图 8-55　防摆拳——横肘、横膝反击(2)

二、防摆拳——挑肘、顶膝反击

对方右摆拳击我头部,我左手挂挡防拳,随即左脚上步,右挑肘攻击其下颌,同时右膝顶击其裆部。如图 8-56 所示。

图 8-56　防摆拳——挑肘、顶膝反击

要点:肘、膝同时进攻。

三、防抱腿——夹肘、顶膝反击

我左腿被对方抱起,我两臂屈肘夹砸并下压其颈、头部,同时右腿蹬地跳起,以右膝撞击其脸部。如图 8-57 所示。

图 8-57　防抱腿——夹肘、顶膝反击

四、防蹬腿——夹肘、顶膝反击

对方右蹬腿攻击我腹部，我右斜步，左手从其腿内侧由右向左后方搂腿防守，随即左脚上步，靠近对方，两臂屈肘夹砸对方颈部，同时用右膝顶击其裆部。如图 8-58 所示。

图 8-58　防蹬腿——夹肘、顶膝反击

要点：左腿蹬直，上夹下顶，合力打击。

五、防摆拳——夹肘、顶膝反击

对方右摆拳击我头部，我左小臂挂挡防拳，随即两臂屈肘向前夹砸其颈部，同时右膝撞击其裆部。如图 8-59 所示。

图 8-59　防摆拳——夹肘、顶膝反击

六、防勾拳——砸肘、顶肘反击

对方右脚上步,用右上勾拳击我腹部,我用左肘砸其右小臂防拳(可接左直冲拳击其脸部),随即左脚上步,左腿别其右腿,同时左肘猛顶其肋腹部,腰向左拧,重心左移,目视对方。如图 8-60 所示。

图 8-60　防勾拳——砸肘、顶肘反击

七、防直拳——靠肘、靠膝

对方左脚上步,以左直拳击我面部,我左手从其臂外侧抓拧其腕,随即我右臂屈肘,肘尖及小臂领先由右向左下方靠击其肘,同时右膝由右向左靠击其左膝窝。或接右脚上步,以右肘顶击其左软肋。如图 8-61 所示。

图 8-61　防直拳——靠肘、靠膝

要点:右腿屈膝跪压其左膝窝,在前脚掌着地、内扣。

参考文献

1. 郑旭旭. 中国武术导论. 全国高等学校体育教学指导委员会审定. 北京:高等教育出版社,2010
2. 中国武术散手编写组. 中国散手. 北京:人民体育出版社,1990
3. 马雷,丛亚贤. 散手运动. 北京:中国人民公安大学出版社,1988
4. 佟庆辉. 武术散打技法. 北京:北京体育学院出版社,1987
5. 吴忠农,徐舒. 世界军警格斗技术. 杭州:浙江大学出版社,1989
6. 骆广才. 太极拳实战用法. 杭州:浙江大学出版社,2014
7. 柴森林,林鑫海. 中国擒拿术. 广州:岭南美术出版社,1986
8. 傅水均,满宝珍. 中国跤术. 北京:人民体育出版社,1983
9. 杜仲勋,杜振高. 擒拿与反擒拿. 北京:北京体育学院出版社,1988
10. 体育院系教材编审委员会《武术》组编写组. 武术. 北京:人民体育出版社,1978

参
考
文
献

后 记

　　传承和弘扬中华传统文化是每个华夏儿女都应该做的,作者身为一名武术爱好者和工作者,更当义不容辞。自 2014 年 1 月由浙江大学出版社出版了《太极拳实战用法》之后,作者再接再厉,终于完成了此书的编写工作。

　　可以说,《武术散手技法》是作者几十年从事武术事业的经验总结。回顾数十年的武术生涯,作者在其中扮演了多种角色。

　　一是武术管理者。1985 年作者从杭州大学(现为浙江大学)体育系武术专业毕业,服从组织分配回家乡义乌体委工作。多年来,趁在体委分管武术工作和担任市体育总会秘书长、市武术协会主席、省武术协会理事之机,积极参与群众武术和竞技武术的宣传、发动及组织工作,深入民间,遍访拳师,切磋技艺,博采众长;任《体坛报》特约记者,在各级新闻媒体及国家体委《体育工作情况》发表体育文稿数百篇。

　　二是武术教练员。曾长期任义乌市体育辅导中心武术散手总教练。在那激情燃烧的 20 世纪 80 年代,习武健身是一种时尚,作者投身武术热潮,发挥武术特长,推广武术文化,满足社会需求。学员中有来自社会各界、各行业的武术爱好者,还包括市委书记等众多党政领导;为驻地武警部队创编和传授武术格斗套路,帮助他们在各大比赛中获得佳绩。同时,还多次带领市运动队参加全国和地方性的武术、散手、太极推手等比赛并屡获金牌。

　　三是武术裁判员。身为国家一级武术散手裁判,作者多次担任浙江省武术比赛、散手比赛、高校武术比赛的裁判工作和金华市公安系统散手比赛的总裁判长等地方裁判工作。

　　四是武术运动员。著名武术家杨澄甫说:“学者若费一日之功力,即得一日之成效,日积月累,水到渠成。”作者恪守习武健身的理念,把习武当成一种生活、享受和财富。平日里,勤学苦练,日跑万米,“冬练三九,夏练三伏”,几十年如一日;多次参加全国武术比赛并屡获冠军,还有幸得到了国家体育总局武术运动管理中心、中国武术协会领导的亲自授奖。

可以说,几十年来和武术有关的访问、训练、教学、比赛等实践活动,为作者编写本书积累了一些实用技术和经验。

需要特别指出的是,从酝酿到成文,该书得到了国家体育总局吴功玉的支持,得到了斯建民、吴益中、王清池、王迎、王荣山等众多市领导和卜芝生、楼良四、骆西良、黄海等有关领导以及江山市有关领导赵江平、时任武警驻义乌部队首长方涵、时任金华市体育总会秘书长张益民、时任义乌市体育总会秘书长刘忠良、山东省梁山县梅花拳传承人孙久才、义乌传统拳种传承人吴根法的重视和关注,他们或言语激励,或提出宝贵的修改意见;得到了义乌市委防范办、义乌市委政法委、义乌市公安局、体育局、教育局、武术协会、东方武馆等相关单位和领导的大力支持。

此外,编写工作中还得到了多位专家教授及亲朋好友的帮助和支持。如,为本书提供技术指导的中国武术九段、浙江省武术协会副主席、时任浙江省武术队总教练陈顺安,浙江大学体育系主任、教授、博士生导师、国际 A 级武术裁判林小美,浙江警察学院教授吴忠农,中国计量学院教授、硕士生导师季建成等;为本书提供出版指导的我国著名教授骆高远;为本书提供技术示范的全国武术冠军、连续四年参加中央电视台春节联欢晚会武术表演、参加北京奥运会开幕式武术表演以及担任2010 年亚运会残疾人运动会闭幕式第二篇章导演的罗灯红;为本书提供摄影支持的中国摄影家协会会员、中国新闻奖获得者卢国良等等。还有,一直致力于支持作者传承中华武术文化的浙江蓓蕾布艺有限公司董事长骆忠健,一直以来在背后默默给予支持的夫人宋妍萍和女儿骆艺……

值此该书付印之际,对以上所有帮助、支持、关心笔者的人一并谢过。

2015 年 1 月

后记